本书为广东省社科规划制度理论研究专项课题"共同体视域下城乡社区治理的现代化路径研究"（编号：GD20ZD25）项目成果。

南国乡村振兴文库

主编 | 谢治菊

走向共生共在
贫困村庄社会治理共同体建设

COEXISTENCE AND INTERACTION

STATE AND SOCIETY IN RURAL CHINA

TARGETED POVERTY ALLEVIATION

蒋红军 等 ◎ 著

中国社会科学出版社

图书在版编目（CIP）数据

走向共生共在：贫困村庄社会治理共同体建设/蒋红军等著.
—北京：中国社会科学出版社，2022.1

（南国乡村振兴文库）

ISBN 978 - 7 - 5203 - 9275 - 4

Ⅰ.①走… Ⅱ.①蒋… Ⅲ.①农村—社会管理—研究—中国
Ⅳ.①C912.82

中国版本图书馆 CIP 数据核字（2021）第 214346 号

出 版 人	赵剑英
责任编辑	黄　山
责任校对	贾宇峰
责任印制	李寡寡

出　　　版	中国社会科学出版社
社　　　址	北京鼓楼西大街甲 158 号
邮　　　编	100720
网　　　址	http：//www.csspw.cn
发 行 部	010 - 84083685
门 市 部	010 - 84029450
经　　　销	新华书店及其他书店
印　　　刷	北京明恒达印务有限公司
装　　　订	廊坊市广阳区广增装订厂
版　　　次	2022 年 1 月第 1 版
印　　　次	2022 年 1 月第 1 次印刷
开　　　本	710 × 1000　1/16
印　　　张	11.25
插　　　页	2
字　　　数	180 千字
定　　　价	58.00 元

凡购买中国社会科学出版社图书，如有质量问题请与本社营销中心联系调换
电话：010 - 84083683

"南国乡村振兴"文库

总序：民族要复兴，乡村必振兴

2021 年是"十四五"开局之年，是全面乡村振兴的起始之年，也是开启全面建设社会主义现代化国家新征程、向第二个百年奋斗目标进军的关键之年。在这之前的 2020 年 12 月，经过全党全国各族人民的共同努力，我国如期完成了脱贫攻坚任务，现行标准下 9899 万贫困人口全部脱贫，832 个贫困县全部摘帽，12.8 万个贫困村全部出列，消除了区域性整体性贫困，创造了举世瞩目的伟大成就。在这场人类减贫史上彪炳史册的脱贫攻坚战中，我们国家采取了许多原创性、独特性的重大举措，积累了一系列能复制、可推广的减贫经验，为国际减贫事业贡献了中国方案和中国智慧。为有效总结这些智慧与经验，及时传播广东案例与广东声音，助力巩固拓展脱贫攻坚成果同乡村振兴有效衔接，助益全面乡村振兴，助推农业农村现代化，我们拟出版"南国乡村振兴"文库丛书。

一　传扬广东经验，讲好中国故事

我们为什么要出版这样一套丛书呢？这与我们团队的研究经历与广东的治理经验有关。我们知道，在此过程中，我们团队牢牢抓住时代赋予的契机，围绕脱贫攻坚与乡村振兴理论、实践与案例开展研究。事实上，脱贫攻坚与乡村振兴研究是团队自创建以来所开展的乡村治理理论与实践研究的延伸，其所蕴含的时代精神、问题意识和责任情怀，一直都是团队研究的生命线。为此，在"十三五"甚至更长的时间内，团队一直以国家脱贫攻坚与乡村振兴路线、方针与政策为指引，聚焦脱贫攻坚与乡村振兴的重点、难点与痛点，立足广东、辐射西部、面向全国，围绕"理论研究、实践探索、政策咨询、人才培养"四大模块，构建"认知、体验、践行"三阶合一的乡村实践体系，探索"高校—政府—企业—社会组织"四元互动的乡村研究模式，深化"政产学研创"五位一体的乡村育人平台。近年来，团队在脱贫攻坚与乡村振兴领域的学术思想与实践活动被人民网、学习强国、今日头条、中国教育网、《中国青年报》《中国社会科学报》《学习时报》等主流媒体报道上百次。

为进一步凝练中国脱贫攻坚精神，培育青年学生的责任意识与家国情怀，为乡村振兴提供智力支持与人才支撑，2021 年 5 月，我们与碧桂园集团（广东省国强公益基金会）一起成立了广州大学乡村振兴研究院，并正式拉开了"乡村振兴·青年担当"系列活动的序幕。2021 年 6 月，乡村振兴研究院获批广东省社会科学研究基地。自此，团队所开展的脱贫攻坚与乡村振兴研究有了稳定的平台，也为我们开展"乡村振兴·青年担当"系列活动提供了组织保障。"乡村振兴·青年担当"活动旨在借青年学生群体，讲好中国脱贫攻坚与乡村振兴故事，扩大脱贫攻坚与乡村振兴伟大壮举在青年群体中的影响力、辐射力与传承力，使青年学生深刻领悟总书记有关青年工作、扶贫工作、振兴工作的重要论述，在真实事迹的感召下，树立远大志向、练就过硬本领、磨炼顽强意志，以实际行动到西部到基层到农村去就业创业，或成为乡村人才振兴的孵化器。目前，"大学生讲乡村振兴故事"的活动已经完成，"乡村致富带头人口述故事与教学案例"正在征稿与出版中。在"十四五"时期，我们团队还将开展以"扶贫干部口述故事"为起点的"口述乡村"行动，陆续开展"乡村致富带头人""乡村劳模""乡村医生""乡村教师"等群体的口述故事采集，积极打造"口述乡村"丛书品牌。

如果说团队的研究经历是出版此套丛书的基础与保障，那么，广东在乡村治理领域的前瞻性探索则为我们提供了案例与勇气。广东在脱贫攻坚与乡村振兴领域的实践探索从来没有停止过，且一直走在全国的前列。2010 年以来，广东的贫困治理实践与东西部扶贫协作工作多次获得党中央、国务院及相关部委的赞誉、支持与推介，闻名全国的"双到扶贫""630 社会扶贫""消费扶贫""领头雁工程"等创新实践，再次证实了广东在社会主义现代化新征程中走在全国前列的决心与信心。不仅如此，广东广州、深圳、东莞、珠海、中山、佛山 6 市根据"国家要求、西部所需、东部所能"的原则，"十三五"期间对贵州、广西、云南、四川开展的协作帮扶，成为助力这 4 省（区）的贫困县全部如期摘帽的重要力量；"十四五"期间对贵州、广西的协作帮扶，让这 2 省（区）的成果巩固与乡村振兴加速进行，贡献了东西部协作的广东经验与广东方案。2021 年以来，广东创新探索"驻镇帮镇扶村工作机制"，开展党政机关、企事业单位、科研力量"三力合一"的组团式驻镇帮镇扶村，这与中共中央印发的《关于向重点乡村持续选派驻村第一书记和工作队的意见》中所提出的"先定村、再定人"的选派原则、"因村派人、科学组队"的选派要求不谋而合。既然广东的脱贫攻坚与乡村振兴工作已经走在了全国前列，讲好中国脱贫攻坚与乡村振兴故事的广东探索更应该顺势而为、乘胜追击。我们谋划的这套"南国乡村振兴"文库，就是在立足广东巩固拓展脱贫攻坚成果、全面实施乡村振兴、系统开展东西部协作、深度进行对口支援的基础上，辐射西部、面向全国，更好地传播乡村振兴的南国声音与智慧。

二 脱贫摘帽不是终点，而是新生活、新奋斗的起点

脱贫攻坚是全面建成小康社会的标志性指标，是党中央向全国人民做出的郑重承诺，彰显了中国共产党领导和我国社会主义制度的政治优势，凝聚着全党全国各族人民的智慧和心血，更是一场没有硝烟的战斗和旷日持久的战役。在这场史无前例的战斗中，习近平总书记站在全面建成小康社会的战略高度，把脱贫攻坚摆在治国理政的突出位置，提出一系列新思想新观点，做出一系列新决策新部署；众多有情怀有担当的基层干部，他们无私奉献、艰苦奋斗，无论是从精神还是体能方面都经历了前所未有的考验，做出了不可磨灭的贡献；广大群众化身为众志成城的凝聚力、攻坚克难的战斗力、永不退缩的推动力，一起对世界减贫进程做出了重大贡献。

但是，"脱贫摘帽不是终点，而是新生活、新奋斗的起点"，这是

2020年3月6日习近平总书记在决战决胜脱贫攻坚座谈会上的重要讲话精神。新生活是贫困群众的殷殷期盼，是全国上下团结一心、共克时艰的杰出成果；新奋斗意味着脱贫攻坚绽放的绚丽彩虹会激励我们，尤其是激励贫困群体勇往直前、昂首阔步。为此，我们应牢记习近平总书记的切切期盼，结合各地实际，努力构建脱贫攻坚的长效机制，把全面小康的基础打得更牢、底色擦得更亮。脱贫攻坚带来的不仅是好日子，更是新生活的开始。这里的"新"，主要可以从以下三个方面去理解：一是生活条件新。经过脱贫攻坚，全国具备条件的建制村全部通了公路，每个村都建立了卫生室，10.8万所义务教育薄弱学校的办学条件得到改善，农网供电可靠率达到99%，深度贫困地区贫困村通宽带比例达到98%。现在，孩子们可以唱着歌走在平坦公路上，学生们可以静下心在宽敞明亮的教室里学习，留守人群可以随时与在外务工亲人视频通话，她们曾经郁结的心理与多病的身体得到了极大的改善。这是脱贫攻坚带来的生活改变，更是通往美好生活的坦荡路途。二是人际关系新。脱贫攻坚政策的实施，缩小了村庄内部的贫富差距，缓和了村庄因贫困所产生的隔阂，使得大部分贫困户获得了良好的人际关系；同时，大批基层干部深入农村开展扶贫、走近群众，也拉近了干群关系，化解了干群矛盾，进而使农村的人际关系呈现出"各美其美，美美与共"的良好局面。三是产业发展新。通过电商扶贫、金融扶贫、旅游扶贫、健康扶贫等，贫困地区的特色产业不断壮大、经济活力不断激发，已从初期的"输血式"扶贫转变为现在的"造血式"扶贫，有的地区还具备了"献血式"扶贫的能力。目前，全国贫困地区已累计建成各类扶贫产业基地10万个以上，这让一个个贫困家庭的生活发生了根本性改变，是贫困户稳定就业、持续脱贫的源泉。当然，脱贫攻坚带来的新生活，远远不止这些，还包括新理念、新方式、新手段、新社区，这些共同构成了新奋斗的起点。

脱贫攻坚是一项伟大工程，需要长期的坚持与持久的战斗，让脱贫人口稳定脱贫、持续脱贫、长久脱贫，巩固拓展脱贫攻坚成果，是我党当前的重要工作，这就要求要进一步瞄准突出问题和薄弱环节，建立健全稳定脱贫长效机制。具体来说：一是建立精准化的返贫监测机制。为消除贫困存量、遏制贫困增量，防止脱贫不稳定人口返贫，防止边缘易致贫人口致贫，要采取针对性、精准性、个性化举措，及时将这部分人口纳入帮扶对象，不让一个群众在小康路上掉队。二是健全超稳定的利益联结机制。巩固脱贫攻坚成果中的各参与主体是一个命运共同体，利益联结是协调各参与主体行动的关键机制。为此，应强化多元主体参与，倡导多元主体平等对话，均衡产业发展，加快延伸产业链条，确保贫困群众持续稳定增收。三是完善有活力的产业扶贫机制。产业振兴是稳定脱贫的根本之策，也是巩固脱贫成果、防止返贫的关键措施，在脱贫攻坚中具有普惠性、根本性作用，这就要求在做好疫情防控的同时，突出主体培育、产销对接、科技服务、人才培养等关键环节，切实做好产业振兴工作，促进一二三产业融合发展，为巩固脱贫攻坚成果提供有力支撑。四是构建可持续的稳定就业机制。就业帮扶是脱贫人口稳定脱贫的基础，是搬迁群众"稳得住、能致富"的关键，意味着他们成为亲身创造美好生活的主体力量。这就要求完善就业扶持政策，努力建设就业帮扶车间，增加脱贫人口家门口就业的机会；激发贫困群众自主就业内生动力，扎实开展技能培训，提升脱贫劳动力就业创业能力，推进就业帮扶工作上新台阶。五是培育科学化的教育帮扶机制。教育帮扶可以提升脱贫地区的办学条件、促进教师的专业发展、改变脱贫地区的教育理念，有效阻断贫困的代际传递。在实施过程中，需要进一步转变帮扶理念，增强教育扶贫价值；完善识别机制，明确教育帮扶对象；创新监管方式，提高教育帮扶效果；规范评价过程，赋予薄弱学校力量。

三　乡村振兴是应变局、开新局的"压舱石"

实施乡村振兴战略，是以习近平同志为核心的党中央从党和国家事业全局出发、着眼于实现"两个一百年"奋斗目标、顺应亿万农民对美好生活的向往做出的重大决策，是党的十九大做出的重大战略部署。习近平总书记多次强调，从中华民族伟大复兴战略全局看，民族要复兴，乡村必振兴；从世界百年未有之大变局看，稳住农业基本盘、守好"三农"基础是应变局、开新局的"压舱石"；全面建设社会主义现代化国家，实现中华民族伟大复兴，最艰巨最繁重的任务依然在农村，最广泛最深厚的基础依然在农村；任何时候都不能忽视农业、忘记农民、淡漠农村。习近平总书记关于乡村振兴的重要论述进一步丰富了共同富裕理论的内涵。他指出"脱贫攻坚战的全面胜利，标志着我们党在团结带领人民创造美好生活、实现共同富裕的道路上迈出了坚实的一大步，意味着'三农'工作重心历史性转移到全面推进乡村振兴上来"。但是，受历史因素、经济水平、地理条件、思想观念、教育程度等因素的影响，我国西部地区贫困程度深、攻坚任务重前所未有，过去全国832个国家级贫困县，西部地区就占了568个，占比68.3%；2021年8月27日公布的160个国家乡村振兴重点帮扶县，全部在西部地区。这说明，中国巩固拓展脱贫攻坚成果与乡村振兴的主战场还是在西部地区。西部地区虽然消除了绝对贫困，但是发展基础仍然不牢，扶贫产业组织化、规模化、市场化程度比较低，农村居民人均可支配收入与全国平均水平还有一定差距，脱贫户外出务工占比大、稳定性弱，已脱贫纳入监测的人口、易致贫的边缘人口基数大，因病因灾因残等返贫因素多，巩固拓展脱贫攻坚成果仍面临较大压力，所以要将其与乡村振兴战略衔接，困难和障碍可想而知。为此，2021年3月22日，《中共中央国务院关于实现巩固拓展脱贫攻坚成果同乡村振兴有效衔接的意见》（以下简称《意见》）公开发布。《意见》明确了二者有效衔接的重大意义、总体要求、长效机制、重点工作与具体举措，指出要从政策文件、领导体制、工作体系、考核机制、规划实施与项目建设等方面做好衔接工作，并提出要"扶上马送一程"，继续落实"摘帽不摘责任、摘帽不摘政策、摘帽不摘帮扶、摘帽不摘监管"的"四个不摘"要求。由于衔接是巩固拓展的递进，衔接之中和衔接之后还有巩固拓展脱贫攻坚成果的任务，因此巩固脱贫攻坚成果的任务不应仅仅贯穿于二者的过渡期，还应该贯穿于全面实施乡村振兴全过程，是乡村振兴的应有之意。2021年6月1日，我国出台了《中华人民共和国乡村振兴促进法》，明确提出要"促进小农户和现代农业发展有机衔接、促进公共服务与自我服务有效衔接、实现巩固拓展脱贫攻坚成果同乡村振兴有效衔接"，通过衔接来促进乡村振兴的法制化阶段到来。基于此，站在全面开启建设社会主义现代化国家新征程、实现"两个一百年"奋斗目标的历史交汇点上，作为脱贫攻坚与乡村振兴的研究团队，我们应紧紧围绕新发展阶段"三农"工作的战略定位，按照在全面建设社会主义现代化国家新征程中走在全国前列、创造新辉煌的总定位总目标，认真总结党的十八大以来以广东为代表的发达地区的先进做法，加强理论研究和经验总结，提炼乡村振兴智慧与方案，为西部甚至全国实现巩固拓展脱贫攻坚成果、全面推进乡村振兴、高水平推动农业农村现代化提供智力支持。农为邦本，本固邦宁。在向第二个百年奋斗目标迈进的历史关口，全面推进乡村振兴，稳农村、兴农业、富农民是关系民族复兴的重大问题。新时代催生新思想，新思想呼唤新作为。作为身处华南、心系家国的一支重要研究力量，我们依托乡村振兴研究院，始终秉持新时代理论工作者的责任、使命与担当，竭力贡献乡村振兴的智慧、力量与情怀，力图在伟大时代构建独具风格的中国特色社会主义乡村治理体系。

谢治菊于羊城

2021 年 9 月 13 日

目　录

导　论

一　研究问题和研究目的

改革开放以来，随着减贫工作的深入推进，我国的农村扶贫开发逐步进入到攻坚克难的重要阶段，尚未脱贫的大部分贫困人口普遍分散于生产生活条件较差且基础设施落后的特困地区，基本上都是难啃的"硬骨头"，因而过去"大水漫灌"的"普惠式扶贫"已难以起到预期效果，必须创新扶贫工作机制。正因如此，习近平总书记2013年11月在湖南湘西考察时，适时提出了"精准扶贫"方略。随后，中共中央办公厅、国务院办公厅于同年12月联合印发了《关于创新机制扎实推进农村扶贫开发工作的意见》，把健全干部驻村帮扶机制作为六项扶贫开发工作机制创新之一，要求各地根据贫困村的实际需求，精准选配第一书记，精准选派驻村工作队，确保每个贫困村都有驻村工作队，每个贫困户都有帮扶责任人。如果说精准扶贫是一种"滴灌式"帮扶的话，那么由驻村第一书记带领的驻村工作队则往往被喻为实现精准扶贫的"管道"。在此意义上，驻村扶贫干部能否有效地开展工作对于脱贫攻坚目标的实现具有极其重要的意义。

在精准扶贫要求下，驻村帮扶的任务与目标已经发生了深刻变化。精准扶贫强调精准，将贫困村户而不是贫困地区作为主要的帮扶对象，扶贫对象的识别、采取的扶贫措施和扶贫效果的考核都比过去的难度增加，这就决定了反贫困的问题不仅仅是经济增长和增加扶贫投入的问题①，在很大程度上更是贫困村治理的转型问题。② 因此，第一书记、驻村工作队要在脱贫攻坚中发挥作用，就要参与到村庄治理过程中去，在推动贫困村治理创新中发挥作用。③ 然而，在现有的村民自治制度框架下，第一书记带领的驻村工作队空降到贫困村④，作为外部扶贫力量，常常面临"嵌入"困境。⑤ "外部扶贫力量"在本研究中专指各级政府机关、国有企事业单位为帮扶乡村发展而派驻的第一书记、驻村工作队、驻村扶贫干部等，他们在自身单位组织支持下将丰富的人财物资源配置到贫困村并开展定点帮扶工作，而源自于各类社会组织和非公企业的"扶贫力量"则不是本研究的关注对象。由于驻村扶贫干部的社会身份、社会网络以及社会资源均处于村庄之外，因此除了个体间的人际关系，在村庄公共事务方面较难获得基层党组织、村委会、经联社以及村民等村庄内部治理主体的信任与配合，反而很容易围绕项目选择、发展方向等问题形成矛盾甚至是对立关系。故而，外部扶贫力量能否有效"嵌入"贫困村庄，能否与既有治理主体建立良性互动关系进而影响村庄治理，是影响精准扶贫目标有效实现的关键。

学术界有观点认为税费改革后国家在逐步退出乡村社会，然而，当前在国家强力动员下外部扶贫力量在贫困村系统推进精准扶贫战略、嵌入村庄治理却为考察和理解国家与乡村社会关系展现了另外一幅极为不同的图景。作为一种不同于直接管理乡村的乡镇政权的特殊国家力量，驻村扶贫干部带着各种资源和项目，制度化、长时段的"嵌入"贫困

① 黄承伟、覃志敏：《我国农村贫困治理体系演进与精准扶贫》，《开发研究》2015 年第 2 期。

② 汪三贵、郭子豪：《论中国的精准扶贫》，《贵州社会科学》2015 年第 5 期。

③ 王晓毅：《精准扶贫与驻村帮扶》，《国家行政学院学报》2016 年第 3 期。

④ 需要着重说明的是，贫困村、贫困户是精准扶贫中干部驻村帮扶的核心工作对象，中央政策明确要健全干部驻村帮扶机制，"普遍建立驻村工作队（组）制度"，"确保每个贫困村都有驻村工作队（组），每个贫困户都有帮扶责任人"，因而本书研究国家建设视域下外部扶贫力量嵌入村庄治理，这里的"村庄"就专指被扶贫的贫困村，在文本中根据需要多以"被扶贫村庄""贫困村"或"贫困村庄"出现。在实践中，有些非贫困村只要有一定数量的贫困户同样开展了相应的扶贫工作，虽然这与贫困村的精准扶贫在体制机制上有类似之处，但这类村庄毕竟不是精准扶贫的核心工作对象，故而不属于本书关注的研究对象。

⑤ 蒋永甫、莫荣妹：《干部下乡、精准扶贫与农业产业化发展——基于"第一书记产业联盟"的案例分析》，《贵州社会科学》2016 年第 5 期。

村庄，既带领村庄脱贫致富，又深刻影响着村庄治理，将有助于丰富国家与乡村社会关系认知。

在国家介入乡村治理的文献中，既有研究清晰地展示了国家政权整合基层社会的各种努力，探讨了国家在政权维护、制度建设方面的得失，并对国家行为逻辑进行了较为准确的总结。譬如，徐勇将现代国家对乡土社会的整合过程描述为"政权下乡"①；黄宗智提出"集权的简约治理"概念②；曹锦清等考察了人民公社时期国家力量向农村最基层社会渗透，逐步克服国家政权内卷化③的努力；张静等强调以建立公共规则为中心的国家制度建设的重要性④；周飞舟指出税费改革前的基层政权属于汲取型政权，税费改革之后转变为悬浮型政权。⑤ 上述研究的关注对象主要是基层乡镇政权的行为，然而乡村治理研究应该对村庄政治与治理进行深层理解和阐释，因此关注不同于基层乡镇政权的"外部扶贫力量"，可以作为研究国家行为的重要补充，有效地切入当前中国乡村政治研究内核，与国内外既有的国家与乡村社会（农民）关系研究成果展开对话。在农村扶贫政策研究中，国内学者主要探讨中国农村扶贫政策转型，研究农村扶贫的具体模式、少数民族地区的扶贫战略以及农村扶贫中的基层政府行为等，这些标志性成果还较少关注外部扶贫力量嵌入村庄治理的过程及其影响。

故而，在总结和剖析既有研究成果的基础上，本书将从国家建设视域考察外部扶贫力量如何嵌入被扶贫村庄治理以建设贫困村庄社会治理共同体？探讨该治理过程蕴含何种行动机制与内在逻辑？这将从一个具体的独特角度深化乡村政治研究领域中的理论建构水平，丰富国家与乡村社会关系理论内涵，拓展精准扶贫的政策向度，引导农村扶贫开发目

---

① 徐勇：《政权下乡：现代国家对乡土社会的整合》，《贵州社会科学》2007 年第 11 期。

② 黄宗智：《集权的简约治理——中国以准官员和纠纷解决为主的半正式基层行政》，《开放时代》2008 年第 2 期。

③ ［美］杜赞奇：《文化、权力与国家：1900－1942 年的华北农村》，王福明译，江苏人民出版社 1996 年版，第 68 页。

④ 张静：《基层政权：乡村制度诸问题》，社会科学出版社 2018 年修订版，第 309－314 页。

⑤ 周飞舟：《从汲取型政权到"悬浮型"政权——税费改革对国家与农民关系之影响》，《社会学研究》2006 年第 3 期。

标从简单脱贫致富向提升村庄综合治理绩效发展，为驻村扶贫干部参与贫困村庄治理提供方向指导。

二 文献综述

反贫困是关乎全球发展的重要议题，以贫困为表征的社会脆弱性不仅影响着文明社会中个体的生活尊严和福利水平，更制约着各民族国家的现代化发展进程，对于国家治理体系和治理能力现代化构成重大挑战。在全球减贫的宏大历史进程中，中国的农村扶贫工作稳步推进，不仅让大量贫困人口脱贫致富，而且在"谁扶""扶谁"以及"如何扶"等方面形成独特的治理模式，积累了丰富的减贫经验，对世界反贫困事业贡献巨大。贫困治理是关乎全面建成小康社会的系统工程。按照2010年国家贫困标准计算，农村贫困人口的规模和贫困发生率大幅下降，到2017年，农村贫困人口减少到3046万人，贫困发生率降至3.1%，为推动实现2020年所有贫困人口迈入小康提供了坚实保障。改革开放以来，农村贫困成为牵动国家、社会以及市场的公共领域，不断推进和深入的农村扶贫实践，在促进农村经济社会蓬勃发展的同时，也为乡村贫困研究注入了活力，贫困治理成为经济学、政治学、社会学等学科共同关注的跨学科议题，受到学术界的广泛关注。

本书着重探讨一类特殊的国家力量即外部扶贫力量在精准扶贫中嵌入贫困村庄治理的过程与机制。从研究脉络来看，其主要涉及三类文献：一是国家与乡村社会关系研究文献；二是乡村贫困治理研究文献；三是贫困村庄治理研究文献。

（一）国家与乡村社会关系的研究发展

国家与乡村社会关系，尤其是1949年新中国成立后二者关系的历史演变，一直是研究中国乡村政治或基层治理的学者们关注的重点。新中国成立后，随着土地改革完成以及税率的提高，尤其是人民公社制度的推行，这一时期的国家与乡村社会关系，往往被理解为国家权力完成了对乡村社会的下渗与整合。徐勇用"行政下乡"和"政党下乡"来描述这一过程①，黄宗智则将之解读为新的国家政权与农民双边关系对旧日的国家政权、士绅或地主、农民三角关系的取代。② 从作用上看，许多学者认为国家权力对乡村社会的下渗和整合，弱化了村民对家族和地方的认同，集中了公共物品进行建设，从而逐步克服国家政权的内卷化③，有力地推进了社会主义工业化的实现。

人民公社解体后，随着村民自治制度的推行，尤其是税费改革后农业税的取消，主流的观点是国家权力正在从乡村社会逐步后撤，周飞舟在对分税制改革以来的乡镇财政进行深入考察后，甚至认为直接代理着国家权力的乡镇政权已经悬浮于乡村社会之上。④ 不过，也有研究者提出了不同意见，荣敬本等人就认为，村民自治的推行并非国家从乡村社会的退出，实际上是一种国家政权在乡村社会重建的形式。⑤ 因此村民委员会也并不是纯粹的自治组织，而是具有"准政权"的性质。⑥ 沿着这一思路，陈锋以鲁中东村为例，分析了基层政权所代理的国家权力经由"见缝插针"以及"地方对国家力量的援引"等方式嵌入村庄社会的过程与机制，并提出"嵌入式治理"，以强调要将国家权力嵌入在乡村社会内部的结构、关系和规范之中，从而实现基层社会的"善治"⑦。受其启发，张义祯构建了"嵌入治理"分析框架，用来解释下派驻村干

① 徐勇：《"行政下乡"：动员、任务与命令——现代国家向乡土社会渗透的行政机制》，《华中师范大学学报》2007 年第 5 期；徐勇：《"政党下乡"：现代国家对乡土的整合》，《学术月刊》2007 年第 8 期。

② ［美］黄宗智：《长江三角洲小农家庭与乡村发展》，中华书局 2000 年版，第 194 页。

③ 参见杜润生《杜润生自述：中国农村体制变革重大决策纪实》，人民出版社 2005 年版；张乐天《嵌入式社会变迁及其界限》，载复旦大学历史系、中外现代化进程研究中心编《近代中国的乡村社会》，上海古籍出版社 2005 年版；贺雪峰《乡村治理的社会基础》，中国社会科学出版社 2003 年版；曹锦清《黄河边的中国》，上海文艺出版社 2000 年版；［美］杜赞奇：《文化、权力与国家：1900—1942 年的华北农村》，王福明译，江苏人民出版社 2020 年版。

④ 周飞舟：《从汲取型政权到"悬浮型"政权——税费改革对国家与农民关系之影响》，《社会学研究》2006 年第 3 期。

⑤ 荣敬本、崔之元等：《从压力型体制向民主合作体制的转变——县乡两级政治体制改革》，中央编译出版社 1998 年版，第 137 页。

⑥ 吴理财：《20 世纪村政的兴衰及村民自治与国家重建》，《当代中国研究》2003 年第 3 期。

⑦ 陈锋：《论基层政权的"嵌入式治理"——基于鲁中东村的实地调研》，《青年研究》2011 年第 1 期。

部工作机制的现实有效性和合理性，并认为"嵌入治理"模式是对村民"自治失灵"的有益补充，在当下我国农村能够产生较好的治理绩效。[①]

（二）乡村贫困治理的学术演进

1. 面向普遍性贫困的扶贫研究

乡村贫困治理研究的学术演进与农村扶贫实践总是相辅相成地交织在一起。1949 年，中国人均国民收入仅为 18 美元，普遍处于贫困状态。[②] 新中国成立前后的土地改革对于改善无产阶级贫困状况发挥了重要作用。改革开放初期实施的家庭联产承包责任制和农村经济体制改革，则极大地调动了农民的生产积极性，推动着农村经济快速发展，大面积缓解了农村的贫困状况。1986 年，扶持贫困地区摆脱落后状况被写入《中华人民共和国国民经济和社会发展第七个五年计划》，中国进入大规模的组织化、制度化扶贫阶段。以此为契机，农村扶贫的理论和政策研究逐渐兴起并受到重视。

在此背景下，20 世纪八九十年代的乡村贫困治理研究着重面向普遍性的经济贫困，从宏观层面、体制层面以及基础理论层面探讨贫困原因以及反贫困战略等。论及贫困原因，当时多数研究者都认为缺乏活力的城乡二元体制以及资源禀赋不足是农村贫困的主要影响因素。[③] 据此，20 世纪 80 年代国家通过农村经济改革实施了一系列制度创新，力图加快农村经济发展和增加农民收入，并透过经济增长的"涓滴"效应帮助农村脱贫。然而，也有学者进一步识别了农村脱贫的其他发展战略，如汪三贵提出信贷扶贫、科技扶贫等创新性发展战略，为其后的农村扶贫研究奠定了新的理论基础。[④]

[①] 张义祯：《嵌入治理：下派驻村干部工作机制研究——以福建省为例》，《中共福建省委党校学报》2015 年第 12 期。

[②] 刘博、宋义平：《新农村扶贫开发》，中国社会出版社 2006 年版，第 15 页。

[③] 王小强、白南风：《富饶的贫困：中国落后地区的经济考察》，四川人民出版社 1986 年版，第 141—144 页；朱玲：《中国扶贫理论和政策研究评述》，《管理世界》1992 年第 4 期。

[④] 汪三贵：《贫困问题与经济发展政策》，农村读物出版社 1994 年版，第 75—90、211 页；汪三贵：《技术扩散与缓解贫困》，中国农业出版社 1998 年版，第 20—25 页；汪三贵：《在发展中战胜贫困——对中国 30 年大规模减贫经验的总结与评价》，《管理世界》2008 年第 11 期。

此时期的乡村贫困治理研究因处于刚刚起步阶段,故而这些研究的深度和广度明显不足,精细化程度不够,对于农村贫困的认识维度比较单一,更较少关注中观层面的扶贫机制以及扶贫模式,使得 20 世纪 90 年代后的乡村贫困治理研究逐步转向以目标瞄准为核心的扶贫政策、机制与过程研究。

2. 面向县域瞄准的扶贫研究

20 世纪 80 年代的农村和农业体制改革极大地促进了农村经济增长,在大面积改善贫困状况的同时,由地缘性因素引起的区域性贫困问题越发凸显。贫困区域的贫困发生面积大、贫困发生率高以及贫困程度深①,并且聚集了全国大部分的农村贫困人口,使得国家在 80 年代后期明确了区域扶贫的方针,试图通过区域瞄准集中人力、物力、财力,动员社会各方面的力量解决区域贫困问题,增强贫困区域的自我积累和自我发展能力。为更好地落实区域反贫困战略,国务院在 1986 年成立了"贫困地区经济开发领导小组",并明确将县确立为区域扶贫的基本单位,由国家和省级两个层面组织实施,县域瞄准扶贫由此大面积铺开。

围绕如何增强贫困地区和贫困县的发展能力,这个时期的乡村贫困治理研究主要通过区域视角、财政视角、人口学视角以及社会学视角分析区域或县域贫困的成因,并从经济、科技、教育、结构调整等方面提出相应的扶贫政策,重点论述了开发性扶贫移民、教育扶贫、科技扶贫、对口扶贫、旅游扶贫等模式。如张茂林等强调要重视发挥移民所产生的经济效益、社会效益和生态效益之间的协同②;林乘东在 20 世纪90 年代末提出"教育扶贫论",认为可以通过教育扶贫切断贫困的恶性循环链③;卢淑华认为"公司＋农户"的科技扶贫形式是农民摆脱贫困、走向市场的重要途径。④ 对口扶贫也是国家在此阶段重点推动的扶

---

① 李周、乔召旗:《西部农村减缓贫困的进展》,《中国农村观察》2009 年第 1 期。

② 张茂林、张志良:《开发性扶贫移民过程中的综合效益评价——以甘肃河西走廊农业灌溉暨移民安置综合开发建设项目为例》,《中国人口科学》1995 年第 5 期。

③ 林乘东:《教育扶贫论》,《民族研究》1997 年第 3 期。

④ 卢淑华:《科技扶贫社会支持系统的实现——比较扶贫模式的实证研究》,《北京大学学报》1999 年第 6 期。

贫形式，即借助发达地区的人才、资金、技术、信息等优势助力贫困地区发展。此外，这一时期还重点考察了扶贫的资源配置问题，从体制和机制层面深化开发式扶贫。如农村经济研究中心课题组通过中国扶贫体制改革试验区的实证经验，认为欠发达地区经济起飞的关键是"资源资本化"①；沈红则强调从社区自组织出发进行制度创新，建立扶贫资源传递的推动机制、保证机制和监督机制。②

总体而言，基于对地缘贫困的摸底分析和深刻认识，此阶段的乡村贫困治理研究探索了以与市场结合的开发式扶贫为主要特征的多元化扶贫模式，并尝试从体制机制层面来推进区域或县域扶贫，为政府制定更为科学的扶贫政策提供了理论支撑。但是，以县为重点的区域瞄准扶贫策略在推进过程中逐渐遭到批判，许多学者认为贫困县所覆盖的贫困人口比例逐年下降，以县为对象的瞄准偏离程度高，推动着扶贫研究走向更小的瞄准单元。

3. 面向村级瞄准的扶贫研究

经过 20 世纪 90 年代中后期的扶贫攻坚，到 2000 年底，全国农村贫困人口的温饱问题已经基本解决。与此同时，农村贫困状况也发生了相应的变化：一是现存贫困人口主要由部分残疾人以及生活在自然环境恶劣地区的特困人口构成；二是现存贫困人口的分布呈现出集中与分散并存的两极化特点。因此，如果继续以贫困县作为扶贫瞄准的关键单位，则会产生较大程度的瞄准偏离。在此背景下，国务院出台了《中国农村扶贫开发纲要（2001—2010 年)》，推动农村扶贫进入以村级瞄准为主、村级瞄准和县级瞄准并存的新时期。

这一时期的乡村贫困治理研究主要关注反贫困的理念发展与政策创新、基层运作及其影响等。就前者而言，随着和谐社会建设、城乡统筹发展等施政理念的不断落实到位，主要依靠市场的开发式扶贫难以有效推动现存绝对贫困人口脱离贫困，社会政策的扶助功能越来越重要，各种社会政策工具开始运用到扶贫实践之中。正如徐月宾等通过分析中国

---

① 农业部农村经济研究中心课题组：《欠发达地区经济起飞的关键是"资源资本化"——中国扶贫体制改革试验区的实证经验》，《管理世界》1997 年第 6 期。

② 沈红：《扶贫传递与社区自组织》，《社会学研究》1997 年第 5 期。

农村贫困人口的特征和致贫因素，认为中国农村反贫困政策要从社会救助转向社会保护①；张新文认为，"我国农村反贫困战略的基本框架是一种亲市场的经济政策与具有'剩余'特征的选择性社会救助"，因此应在反贫困的战略框架中强化社会政策功能。② 总体来看，政府和学术界对于社会保障的兜底功能越来越明确，对于深陷"贫困陷阱"的贫困区和贫困户，需要建立和完善农村社会保障体系，提升贫困农民的抗风险能力。③ 这些反贫困理念的发展极大地促进了农村扶贫政策创新，推动国家探索扶贫开发与农村低保政策的衔接联动。这将进一步提升农村扶贫的精准度，为解决剩余农村贫困人口的温饱问题以及推动 2020年的脱贫目标创造有利条件。

从扶贫的基层运作及其影响来看，研究者主要考察了扶贫资源以项目制形式下落到村庄的运作过程以及扶贫项目对农村基层的影响。其中，项目制运作中的目标管理责任制、决策过程及其分配过程是研究的重点。何绍辉发现，基层组织的非正式技术实践在保证目标责任制有效运行的同时，也为行政与政治的互嵌提供了可能。④ 李路路等认为"文过饰非"的决策机制和"文本困境"以及"想象的偏见"会影响扶贫组织逐渐偏离既定目标。⑤ 关于扶贫项目分配，陈前恒认为只有在村庄中建立能够使村干部对穷人负责任的治理机制，发展性扶贫项目才能瞄准更多穷人。⑥ 扶贫项目要有效发挥减贫功能，一个重要的前提条件在于扶贫项目要充分反映贫困村及贫困人口的需求，在项目运行过程中不仅要尊重地方性知识，更要坚持参与式扶贫。杨小柳从地方性知识利用

---

① 徐月宾、刘凤芹、张秀兰：《中国农村反贫困政策的反思——从社会救助向社会保护转变》，《中国社会科学》2007 年第 3 期。

② 张新文：《我国农村反贫困战略中的社会政策转型研究——发展型社会政策的视角》，《公共管理学报》2010 年第 4 期。

③ 银平均：《社会排斥视角下的中国农村贫困》，知识产权出版社 2008 年版，第 216—219 页。

④ 何绍辉：《目标管理责任制：运作及其特征——对红村扶贫开发的个案研究》，《中国农业大学学报》2010 年第 4 期。

⑤ 李路路、宋臻：《"有限理性"视角下的组织决策——基于一个援助扶贫项目的个案研究》，《社会》2007 年第 5 期。

⑥ 陈前恒：《农户动员与贫困村内部发展性扶贫项目分配——来自西北地区 H 村的实证研究》，《中国农村经济》2008 年第 3 期。

的角度讨论了四川凉山美姑县开展牲畜扶贫项目的成败①；楚永生考察了参与式扶贫开发模式的运行机制及绩效，认为参与式扶贫开发模式是对传统自上而下扶贫模式的扬弃和发展，它以贫困人口为主体，在扶贫开发运行机制上赋权于民，体现出"从群众中来到群众中去"的思想理念和工作方法。②

此外，基层扶贫运作的消极影响也为学术界重点关注，尤其是扶贫运作中因为各种精英俘获使得贫困村庄的发展生态呈现恶化趋势。如张和清通过一个少数民族行政村的个案研究，认为扶贫开发政策促使乡村干部的经济发展思路从企业经营转向扶贫经营，在少数民族地区逐渐形成扶贫经营政治，其中的贪腐行为将使基层政府出现权威和合法性危机，对于村民的生计发展也会产生严重负面影响③；刑成举等通过观察财政扶贫项目，发现精英俘获使得扶贫资源在乡村内部难以公平传递，极大地妨碍了贫困人口成为扶贫真正的受益者。④

比较而言，此阶段研究对于农村贫困的认知更为深入，在过往研究主要强调经济贫困之外，增加了权利贫困、能力贫困、社会资本贫困等多元面向。20 世纪 80 年代，阿马蒂亚·森提出能力贫困理论，认为贫困是包含所有权、交换权利在内的权利体系的函数，权利失败带来个体可行能力不足，导致陷入贫困状态。⑤ 这从社会结构的角度开创了一个与传统收入贫困不同的贫困认知框架，为学术界和国际组织深化贫困认知以及我国农村扶贫政策的优化提供了理论际遇。基于此，联合国开发计划署（UNDP）、世界银行（IBRD）以及经济合作与发展组织（OECD）下属机构发展援助委员会（DAC）都有效发展贫困概念的内

① 杨小柳：《地方性知识与扶贫策略——以四川凉山美姑县为例》，《中南民族大学学报》2009 年第 5 期。

② 楚永生：《参与式扶贫开发模式的运行机制及绩效分析——以甘肃省麻安村为例》，《中国行政管理》2008 年第 11 期。

③ 张和清：《扶贫经营政治的形成及其社会政治后果——一个少数民族行政村的个案研究》，《广西民族大学学报》2010 年第 1 期。

④ 刑成举、李小云：《精英俘获与财政扶贫项目目标偏离的研究》，《中国行政管理》2013 年第 9 期。

⑤ ［印度］阿马蒂亚·森：《贫困与饥荒》，王宇、王文玉译，商务印书馆 2012 年版，第 15 页。

涵和测量，促使学者们从个体与结构互动的视角全面认识贫困问题。[①] 伴随着学术界对农村贫困认知的不断深化，农村扶贫政策创新也不断涌现，为解决农村贫困问题创造了良好的政策环境。创新发展了扶贫的政策工具和运行模式，不仅在扶贫手段上逐步重视发挥社会保障的作用，而且发展出了以赋权为主要特征的参与式扶贫模式。然而，随着扶贫资源进一步下沉到贫困村庄，扶贫运作中的消极影响也日益显现出来，对于农村扶贫的精确瞄准构成了重大挑战，推动着乡村贫困治理研究进入精准扶贫研究阶段。

4. 面向精准扶贫的扶贫研究

为打好新一轮扶贫攻坚战，扶贫开发工作从解决温饱问题转入巩固温饱成果、加快脱贫致富、改善生态环境、提高发展能力、缩小发展差距的新阶段。此阶段力图进一步克服和优化村级瞄准的不足，让国家的扶贫政策在更大范围内落实到贫困户身上。2013 年 11 月，习近平总书记考察湖南湘西时首次提出"精准扶贫"。在中央的大力推动下，精准扶贫成为我国农村扶贫的基本方略，促使农村扶贫不断探索全流程的精准化治理。

围绕精准扶贫，学术界对其内涵、瞄准、困境及路径等进行了大量研究。论及精准扶贫内涵，汪三贵等从精准扶贫是什么的角度探析了其本质，认为精准扶贫要扶贫到户到人，增强自主发展能力，实现可持续脱贫的目标。[②] 吕方等从精准扶贫不是什么的角度，认为精准扶贫不能片面看待"到村到户"的工作要求，也不能将贫困治理理解为某个单一主体的工作职能，单纯地追求数字脱贫、指标脱贫。[③]

瞄准是精准扶贫的内在前提之一。李棉管从技术难题、政治过程与

---

① United Nations Development Programme, *Human Development Report* 1997, 1997; World Bank, *World Development Report* 2000/2001: *Attacking Poverty*, Oxford University Press, 2000; DAC, *The DAC Guidelines on Poverty Reduction*, OECD, 2001.

② 汪三贵、刘未：《"六个精准"是精准扶贫的本质要求——习近平精准扶贫系列论述探析》，《毛泽东邓小平理论研究》2016 年第 1 期。

③ 吕方、梅琳：《"精准扶贫"不是什么？——农村转型视域下的中国农村贫困治理》，《新视野》2017 年第 2 期。

文化结果三种视角综合考察了"瞄准偏差"形成的多元机理。① 王雨磊认为福利均分原则、村庄政治结构以及扶贫考核压力共同限制了完全按照经济收入来进行贫困识别，从而使得扶贫政策落地失焦。② 不仅如此，在精准扶贫中，国家试图通过数字下乡的技术治理手段来干预贫困治理过程，但是，由于数字生产体制中的发包者、传递者、生产者和知情者的行动逻辑大相径庭，他们各不相同的行动目标和激励使得数字生产难以真正精准，难以有效解决精准扶贫中的瞄准问题。此外，精准扶贫还面临诸多其他困境。③ 左停等认为精准扶贫面临着规模排斥、平均主义思想、农村劳动力转移和扶贫开发手段不足等挑战。④ 唐丽霞等也指出当前精准扶贫机制面临着贫困户识别的政策和技术困境、贫困农户观念的转变以及扶贫政策本身的制度缺点等方面的严峻形势。⑤

面对精准扶贫困境，不同学者从不同视角提出了相应的精准化思路。譬如，邓维杰认为应该采取自上而下和自下而上相融合的贫困户识别和帮扶机制，同时购买独立第三方社会服务来协助和监督整个过程⑥；吴晓燕等主张以协商为精准扶贫提供良好的运行环境⑦；郑瑞强等提出要运用大数据思维最大限度地整合扶贫资源，转变普惠式扶贫战略为适度竞争式扶贫战略。⑧

总而言之，从面向普遍性贫困的扶贫研究到面向县域瞄准、村级瞄准，再到面向精准扶贫的贫困治理研究，这种学术演进仰赖于农村扶贫的政策实践和学术探索之间的良性互动，较为完整地呈现出改革开放以

---

① 李棉管：《技术难题、政治过程与文化结果——"瞄准偏差"的三种研究视角及其对中国"精准扶贫"的启示》，《社会学研究》2017 年第 1 期。

② 王雨磊：《精准扶贫何以"瞄不准"——扶贫政策落地的三重对焦》，《国家行政学院学报》2017 年第 1 期。

③ 王雨磊：《数字下乡：农村精准扶贫中的技术治理》，《社会学研究》2016 年第 6 期。

④ 左停、杨雨鑫、钟玲：《精准扶贫：技术靶向、理论解析和现实挑战》，《贵州社会科学》2015 年第 8 期。

⑤ 唐丽霞、罗江月、李小云：《精准扶贫机制实施的政策和实践困境》，《贵州社会科学》2015 年第 5 期。

⑥ 邓维杰：《精准扶贫的难点、对策与路径选择》，《农村经济》2014 年第 6 期。

⑦ 吴晓燕、赵普兵：《农村精准扶贫中的协商：内容与机制——基于四川省南部县 A 村的观察》，《社会主义研究》2015 年第 6 期。

⑧ 郑瑞强、曹国庆：《基于大数据思维的精准扶贫机制研究》，《贵州社会科学》2015 年第 8 期。

来中国反贫困的持续性努力。

（三）贫困村庄治理的研究图景

贫困村庄治理是精准扶贫研究的重要组成部分。现有研究主要提出了"接点治理""互动治理""中心式治理""非均衡治理""双轨治理"等概念来描述或解释被扶贫村庄治理形态。一是接点治理。谢小芹认为其是国家权力与基层社会在村庄组织界面上汇聚和融合而形成的一种关系形态。[①] 在此基础上，徐明强、许汉泽认为熟人社会的信息机制、多元主体参与的权威机制以及协商讨论的合法化机制是接点治理得以实现的条件。[②] 二是互动治理。郭小聪、吴高辉从互动治理的视角关注第一书记与村庄各主体的互动策略和影响因素。[③] 三是中心式治理。丁波指出，贫困村治理网络结构的特征是中心式治理模式，村干部、驻村干部、贫困户和非贫困户根据不同的结构位置，形成围绕贫困户脱贫开展贫困村治理的网络结构。[④] 四是非均衡治理。刘建、吴理财发现，由于治理主体之间连带性制衡关系的异化及治理结构与治理能力的非对称性，精准扶贫中的贫困村庄治理呈现出非均衡性治理的悖论。[⑤] 五是双轨治理。谢小芹提出，国家在"攻坚拔寨"特殊时期设置的第一书记制度与在改革开放后一直延续至今的村支书制度在贫困村庄形成了双轨治理格局。[⑥]

不仅如此，既有研究还着重关注贫困村庄治理风险以及脱贫后的村庄治理。譬如，吴晓凯认为由于治理主体的"权利功利主义"倾向，

① 谢小芹：《"接点治理"：贫困研究中的一个新视野——基于广西圆村"第一书记"扶贫制度的基层实践》，《公共管理学报》2016 年第 3 期。

② 徐明强、许汉泽：《接点治理：论精准扶贫过程中的"村民评议"——对湘西 B 村的个案研究》，《华中农业大学学报》（社会科学版）2018 年第 3 期。

③ 郭小聪、吴高辉：《第一书记驻村扶贫的互动策略与影响因素——基于互动治理视角的考察》，《公共行政评论》2018 年第 4 期。

④ 丁波：《精准扶贫中贫困村治理网络结构及中心式治理》，《西北农林科技大学学报》（社会科学版）2020 年第 1 期。

⑤ 刘建、吴理财：《制度逆变、策略性妥协与非均衡治理》，《华中农业大学学报》2019 年第 2 期。

⑥ 谢小芹：《"双轨治理"："第一书记"扶贫制度的一种分析框架——基于广西圆村的田野调查》，《南京农业大学学报》（社会科学版）2017 年第 3 期。

治理手段的"数字工具"取向，治理对象的"私文化"特质，贫困村庄治理面临共同体风险，需要在脱贫过程中积极释放文化的社会红利，发展村庄的关联性和公共性①；李小红、段雪辉重点讨论了脱贫村的有效治理，认为脱贫村面临着治理能力不足、行政化扶贫力量淡出、脱贫村内部矛盾激化以及乡村振兴的多重压力和挑战，需要构建合作治理模式、重塑困难群体合法性、建立开放的农村治理体系以及强化村民内部政治参与等多个角度推进脱贫村治理。②

（四）文献总体评析

文献综述的最重要目的在于找到研究问题在学术脉络中的位置，通过对相关学术群和理论观点的归纳总结，为所开展的研究找到理论对话的基础。概观上述研究成果，它们为本书奠定了坚实基础，但仍然忽视了一些比较重要的村庄治理力量和现象。

第一，围绕国家与乡村社会关系的研究忽视了对驻村扶贫干部等这一特殊国家力量的考察。长期以来，学界对于国家与乡村社会关系的考察往往通过国家政权建设理论的视角和框架进行。这种单向的宏大国家权力视角往往只关注作为国家权力直接代理者的乡镇政权，极少注意到另外一种特殊的国家力量——第一书记、驻村工作组等外部扶贫力量。外部扶贫力量是被扶贫村庄治理的一个独特主体，其嵌入村庄治理在某种程度上反映出税费改革后国家力量的回归，对于讨论当前国家在乡村的"进""退"行为以及拓展乡村治理是一个重要的研究补充。因此有必要分析驻村扶贫干部嵌入贫困村庄治理后，对当下中国的国家与乡村社会关系造成的影响，并且有必要将分析所形成的理论认知，与国内外既有的国家与社会关系研究成果进行深度对话，从而丰富这一研究领域的理论内涵，扩展对新形势下中国国家与乡村社会关系研究的广度与深度。

第二，关注外部扶贫力量嵌入村庄治理是国内农村扶贫研究领域中

---

① 吴晓凯：《精准扶贫过程中村庄共同体风险及其治理探索——基于 G 省长村扶贫实践的调查》，《兰州学刊》2020 年第 1 期。

② 李小红、段雪辉：《后脱贫时代脱贫村有效治理的实现路径研究》，《云南民族大学学报》（哲学社会科学版）2020 年第 1 期。

的一个盲点。在研究深度上，应从贫困村庄脱贫致富研究扩展到被扶贫村庄治理创新研究。从多维视角来看，农村扶贫工作不仅要带领贫困村、贫困人口脱贫致富，还要创新贫困村治理，才能在确保扶贫开发工作取得预期成效的同时，尽可能将相应的效果保持下去，不至于因为驻村工作队或第一书记的撤离而返贫，真正为高质量全面建成小康社会打下坚实基础。然而，现有研究主要从扶贫政策、扶贫过程、扶贫模式以及扶贫效果评估等方面关注如何使村庄脱贫致富，未将贫困村庄治理创新视为一个重要的研究问题，进而无法解释、回应扶贫中的困惑与治理乱象。事实上，在脱贫致富之外，贫困村治理创新作为农村扶贫工作的要求和任务，一直内含于政府扶贫政策和基层工作实践之中。比如，2015 年习近平总书记在贵州座谈时专门强调"要把扶贫开发同基层组织建设有机结合起来，抓好以村党组织为核心的村级组织配套建设"；所调研的 G 省在多轮"双到扶贫"工作中也明确提出要着力"抓班子、带队伍、建制度"，努力打造一支"永远不走的扶贫工作队"，要将2277 个省定贫困村建设成为社会主义新农村示范村。Z 省专门印发《关于充分发挥各级党组织战斗堡垒作用和共产党员先锋模范作用推进精准扶贫的实施意见》，强调推动党建与精准扶贫相结合，发挥基层党组织在精准扶贫中的战斗堡垒作用。故而，农村扶贫研究不应忽视贫困村治理创新的需求，在研究深度上应从贫困村脱贫致富研究进一步扩展到贫困村治理创新研究。

党的十九大提出要健全自治、法治、德治相结合的乡村治理体系，实现乡村振兴，这为新时代的农村扶贫工作赋予了新的内涵和使命。在中国成千上万的村庄中，贫困村庄是其中的一种特殊类型，由于外部扶贫力量的嵌入，围绕着村庄公共事业建设、民主政治发展以及经济产业发展等村庄公共事务，贫困村庄内部的权力主体、结构与关系正发生再造，贫困村庄权力再生产将有效驱动贫困村治理创新，不仅有助于保障贫困村庄顺利脱贫致富，而且能够为"后扶贫时代"贫困村庄的持续发展与振兴奠定坚实基础。正如陆益龙所言，乡村振兴的战略目标可以分精准扶贫、乡村重建和社会创新三步实现，着重强调了村庄社会治理创新对于乡村振兴的重要意义①；郑永年在 2017 年召开的"贫困治理与公共政策"研讨会上也强调，要把扶贫放到中国社会基层治理制度中观察，为了取得稳定、有效的基层社会治理，农村扶贫、农村反腐败、农村生产要素单向的流动方式变革应结合起来，才能既保障农村秩序又促进农村的发展活力。

第三，现有贫困村庄治理研究文献提出了一些治理的模式特征，但是由于未能对驻村干部与村庄治理主体间的互动机制给予深入考察，较为缺乏治理共同体话语视野，因而，对于如何总体上认识贫困村庄治理主体间关系、治理机制与逻辑以及贫困村庄如何实现乡村振兴等都较为模糊。

因此，精准扶贫进程中的外部扶贫力量嵌入贫困村庄治理研究在研究脉络中具有坚实的基础，兼具典型性、重要性与开拓性，是值得深入研究的真问题。

三　研究方法和研究资料

基于本书的研究问题、研究便利性与介入性等因素的综合考虑，作为一个试图理解社会现象和社会问题的定性研究，本书主要采用社会科学研究方法中的案例研究法，通过典型案例的选取、描述和分析，尝试探寻蕴含在实践经验中的因果机制。

（一）选择案例研究方法

案例研究已经成为一种重要的实证研究工具，在社会科学研究中发挥巨大作用。罗伯特·K. 殷曾提出在研究时如何选择研究方法需要重点考虑三个条件：（1）该研究所要回答的问题的类型是什么；（2）研究者对于研究对象及事件的控制程度如何；（3）研究的重心是当前发生的事，或者是过去发生的事。②从这三个条件出发，案例研究与其他

---

① 陆益龙：《乡村振兴中精准扶贫的长效机制》，《甘肃社会科学》2018 年第 4 期。
② ［美］罗伯特·K. 殷：《案例研究：设计与方法》（第 3 版），周海涛主译，李永贤、张蘅参译，重庆大学出版社 2004 年版，导论第 7 页。

研究方法不同，它适用于如下情况：研究的问题类型是"怎么样"和"为什么"，研究对象是目前正在发生的事件，研究者对于当前正在发生的事件不能控制或极少能控制。①

　　反观本书的研究问题与研究对象，它们非常符合案例研究的方法论要素。首先，研究问题集中在精准扶贫中外部扶贫力量如何有效嵌入贫困村庄治理。该问题可以从两个方面加以论证，一方面，描述外部扶贫力量嵌入并参与贫困村庄治理的过程，弄清楚被扶贫村庄治理在实践层面是如何发生的；另一方面，集中探讨该治理过程中的机制与逻辑，解释其为何发生以及其影响。因而，本书本身既不是单纯的描述性案例研究，又非单纯的解释性案例研究，而是试图兼具描述与解释两种功能。正如张静教授所言，案例研究与新闻写作不同，后者主要是讲出有吸引力的好故事，而前者则是要秉持理性的立场，追求知识产出，事件案例的采集与写作是一个从故事到知识的过程②；其次，本书的研究对象主要集中于精准扶贫及内在其中的被扶贫村庄治理。该研究对象反映了当前乡村社会正在发生的重大变迁，影响着全面建成小康社会进程；最后，本书研究对象由于是目前正在发生的重大事件，对于它们发生的过程与机制，学术界应该认真加以研究。作为作者本人，几乎不能对它们施加任何的影响和控制，这有利于通过案例研究方法来撰写本书。

（二）研究资料的收集与利用

　　为了保障案例分析的效度与信度，提升案例研究的整体质量，本书遵循复制法则，开展整体性多案例研究。就案例选择而言，选取案例遵循典型性标准。以前在讨论案例研究时，案例的代表性一直是大家争论的焦点。事实上，本书同意王宁教授有关个案研究代表性问题的讨论③，即对于案例选择而言，案例研究与定量研究的样本属性和外推逻

---

　　① ［美］罗伯特·K. 殷：《案例研究：设计与方法》（第 3 版），周海涛主译，李永贤、张蘅参译，重庆大学出版社 2004 年版，导论第 11 页。
　　② 张静：《从故事到知识：事件案例的采集与写作》，在北京举办的哈佛研究培训班上的演讲稿。
　　③ 王宁：《代表性还是典型性？——个案的属性与个案研究方法的逻辑基础》，《社会学研究》2002 年第 5 期。

辑皆不相同①，"总体来说，个案研究可以分成涉及代表性问题和不涉及代表性问题两类"，在具有"代表性无涉"的个案研究中，为提高案例的外推性，可以考虑选择具有典型性的个案，而在具有"类型代表性"的案例研究中，同样考虑在抽象类型中选择具有典型性的案例来勾连个案样本与类型性质的关系。

本书选取的案例主要集中在 G 省和 Z 省。G 省是全国的经济大省，但是，在快速发展的背后，该省的区域发展与城乡发展差距悬殊，未能实现协调、均衡发展。G 省的东部、西部及北部的贫困较为严重，根据 2010 年国务院扶贫调查组的数据，该省这些地区的农业人口的贫困比率高达 41.2%。为此，G 省在全国较早开展扶贫开发工作，通过近十年的精准扶贫努力，创造了"领导重视程度最高、扶持政策最实、资金投入最多、社会参与最广"的大扶贫经验，受到中央的高度肯定。因而，基于 G 省的精准扶贫实践开展本书具有较好的典型性。本书在 G 省共选择了 17 个贫困村庄进行案例调研，它们分布在该省经济欠发达的东部、西部、北部，个案村的精准扶贫时间横跨了该省推动的多轮扶贫，外部扶贫力量的来源也覆盖了政府机构、国有企业和事业单位，对于 G 省的精准扶贫实践具有较好的类型代表性。在调研中，我们完整地收集了国家与省市的精准扶贫政策、个案贫困村庄的各类扶贫记录，对个案贫困村庄的驻村扶贫干部、村干部、村民精英、贫困户、镇扶贫办、县扶贫办等相关人员进行了深度访谈。

而 Z 省则是全国贫困人口最多、贫困面最大、贫困程度最深的欠发达省份，资源条件差、发展底子薄、经济实力弱、人均收入低，还分布着三个集中连片特困地区。即便如此，Z 省也创造了"可信可行、可学可用、可复制、可推广，不是盆景，而是风景"的脱贫攻坚经验，同样受到中央的高度肯定。2019 年 2 月至 6 月，本课题组对 Z 省 10 个县市的精准扶贫实践开展了调研，并对县级领导、县职能部门、扶贫工厂、乡镇干部、驻村扶贫干部、村干部、贫困户、非贫困户等进行了访谈，整理了数十万字的访谈材料，对 Z 省的精准扶贫实践形成了系统性的总体认知。在研究中，我们主要在 Z 省选取具有典型性且资料最

---

① 王宁：《个案研究的样本属性与外推逻辑》，《公共行政评论》2008 年第 3 期。

为翔实的 5 个贫困村庄进行研究，阐释驻村扶贫干部所代表的外部扶贫力量如何参与这些深度贫困村庄治理。

在书中，为了更好地呈现外部扶贫力量形成的国家建设背景、外部扶贫力量嵌入贫困村庄的治理过程，本书将采取以 G 省个案材料为主、Z 省个案材料为辅的策略，进而能够保证所讲述的精准扶贫故事既能反映国家的制度优势和政策变迁，又能突出以省为中心的精准扶贫整体性特点。与此同时，在利用研究资料时，为了保护访谈对象，本书在写作过程中将对案例涉及的人名、地名等具体信息进行学术化处理。

四　论证思路和篇章结构

外部扶贫力量在国家建设视域下是一种不同于基层乡镇政权的特殊国家力量，对于贫困村庄治理有着直接的独特影响。十九届四中全会指出，"社会治理是国家治理的重要方面"，要建设人人有责、人人尽责、人人享有的社会治理共同体，这为贫困村庄治理提供了方向指引，也勾勒出贫困村庄社会治理共同体建设的重要理论命题。为此，本书将以精准扶贫中的国家与乡村社会关系讨论为起点，借助贫困村庄社会治理共同体建设，搭建起国家建设与贫困村庄治理的理论关联。在此基础上，按照如图 0—1 所示的论证思路，第一步从理论上搭建起国家建设与贫困村庄治理之间的理论关联，构建本书的分析框架；第二步考察外部扶贫力量形成的国家建设背景以及资源的聚集与监管过程；第三步探究外部扶贫力量嵌入并参与被扶贫村庄治理，包括剖析外部扶贫力量从纵横两个层次嵌入村庄治理权力结构的过程、外部扶贫力量与村庄治理主体尤其是村干部之间的互动关系、外部扶贫力量在村庄公共事业、民主政治、经济产业发展三个支柱平台上推进村庄治理变革的实践；第四步分析外部扶贫力量嵌入贫困村庄治理的影响以及限度；第五步则是尝试建构国家建设、外部扶贫力量与贫困村庄治理间的理论关系并提出对策思路。

根据论证思路，本书将分八个部分对国家建设视域下外部扶贫力量嵌入村庄治理议题进行描述与阐释。导论部分主要是对研究问题和研究目的、文献综述、研究方法和研究资料、论证思路和篇章结构的阐述和

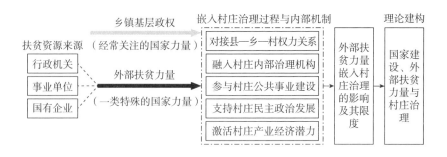

图 0—1　论证思路

交代。第一章将阐述现代国家演进规律，搭建国家建设与被扶贫村庄治理的理论联系，表明国家建设视域下外部扶贫力量嵌入村庄治理的理论指向即是建设贫困村庄社会治理共同体。在此基础上，探讨精准扶贫中的国家与乡村社会关系，提出国家与社会关系的"国家中的社会"架构，构建社会治理共同体建设的三维认知分析框架，借此分析和阐释精准扶贫中的贫困村庄社会治理共同体建设过程。第二章将讨论国家建设背景下的外部扶贫力量塑造，探究外部扶贫力量在政党动员和技术动员下的聚集以及监管过程。第三章将从纵向与横向两个层面讨论外部扶贫力量如何嵌入村庄治理权力结构，为外部扶贫力量与村庄主体协同推进贫困村庄治理奠定治理结构基础。第四章将以驻村扶贫干部与村干部的互动关系为重点，揭示外部扶贫力量与村庄治理主体之间的互动关系，为外部扶贫力量嵌入贫困村庄治理奠定重要的基础条件。第五章研究外部扶贫力量推进村庄公共治理变革及其影响。以打造"不走的工作队"为目标，外部扶贫力量在嵌入被扶贫村庄之后，着重借助驻村扶贫干部与村干部的互动治理，在多个方面开展村庄治理变革，对于贫困村庄治理以及贫困村庄社会治理共同体建设产生了积极的深远影响。第六章探讨国家建设视域下外部扶贫力量嵌入村庄治理、建设贫困村庄社会治理共同体的行动机制与内在逻辑，并从脱贫攻坚与乡村振兴有效衔接、提升乡村治理水平的视角阐述本书的政策启示。

第一章 国家中的社会：国家建设与 精准扶贫进程中的村庄治理

一 从建构主权国家到优化治理体系的现代国家演进

新中国成立以来，经历蜿蜒曲折的发展历程，中国现代国家崛起让世界为之瞩目。中国现代国家成长是中国政治发展的主轴，从一个侧面可以清晰地把脉中国政治发展过程面临的挑战与机遇。纵观中国现代国家成长历程，理论界和实务界始终围绕着怎样构建一个统一、强大且有完善治理体系的现代国家展开热烈的讨论。系统且清晰地把握中国国家成长轨迹和脉络成为研究者矢志不渝的学术任务。已有研究中，海外中国研究学者已从不同角度阐释中国国家成长的历程，并涌现出一批重要研究著作，如费正清著《美国与中国》、詹姆斯·R. 汤森与布兰特利·沃马克著《中国政治》及李侃如著《治理中国：从革命到改革》等。近年来，海内外学者亦从不同的研究视角围绕"中国模式""中国奇迹""中国崛起"等关键性话语尝试解释这些经验事实内在逻辑、动力机制及影响因素。徐勇基于农民学研究视角分析"中国奇迹"的产生源于农民理性扩张与现代工商业结合形成的叠加优势，并被学界概括为"农民理性扩张论"[①]。肖滨以中国国家成长为切入点，清晰地呈现出革

---

① 徐勇：《农民理性的扩张："中国奇迹"的创造主体分析——对既有理论的挑战及新的分析进路的提出》，《中国社会科学》2010 年第 1 期。

命、改革与中国崛起之间的内在联系。① 渠敬东等从社会学视角分析系统阐明中国现代国家从"总体支配"到"技术治理"的演变历程。② 这些代表性阐释为我们理解中国现代国家成长提供了某种思路。总体上，中国现代国家成长轨迹具有"历史延续性而不是断裂性"特性，由此形成中国特色社会主义发展道路。③ 前述研究工作系统阐释了新中国成立以来现代国家成长过程，并对"中国崛起""中国模式""中国奇迹"等实践模式、动力机制进行系统解读。然而，已有研究均未关注到对中国国家成长的最新进展（特别是党的十八届三中全会以后）进行理论梳理，尚没有把习近平执政后的治国理政思想实践囊括进中国国家成长之中。

鉴于此，本书尝试以"中国现代国家成长"为切入点，从纵向历时性角度阐释新中国成立 70 余年来中国现代国家成长逻辑的演变轨迹并进行必要的理论解释，从而揭示党的十八届三中全会提出"国家治理体系与治理能力现代化"理论命题的理论缘由，并对中国国家成长未来进行审慎的理论判断。

（一）建构现代主权国家：国家政权对基层社会的整合

在漫长的中国国家成长历程中，中央政府始终力图打破由地方精英控制农村社会的境况，从而使得国家权力能够有效地控制和整合农村社会，进而连带式引起基层社会全方位的变迁，最终建构现代主权国家。然而，从秦始皇统一中国到晚清王朝灭亡，中央政府始终没有实现对县级以下社会的有效渗透和整合。到了近代，基于西方现代科学技术的涌入和渗透，清末民初国家陷入了军阀混战状态，国家政权"四分五裂"，即"有现代国家之名，无现代国家之实"。直至中国共产党执掌政权之时，中国现代主权国家才真正建构起来，进而开启真正意义上的中国现代国家成长之路。

---

① 肖滨：《革命、改革与中国崛起——兼对安德森与吴玉山之争的回应》，《开放时代》2014 年第 5 期。

② 渠敬东、周飞舟、应星：《从总体支配到技术治理——基于中国 30 年改革经验的社会学分析》，《中国社会科学》2009 年第 6 期。

③ 徐勇：《历史延续性视角下的中国道路》，《中国社会科学》2016 年第 7 期。

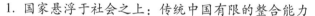

1. 国家悬浮于社会之上：传统中国有限的整合能力

传统中国，中央政府具有较高的集权能力，但国家权力渗透基层社会的能力有限。在"皇权不达县"的背景下，"乡绅"是非常重要的地方权威代表，他们不具有官方授权，很少与中央权威发生关系。中国县级以下行政事务依赖由独自提名的准官员来进行局部治理，国家对基层社会的渗透能力非常有限。① 尽管中华帝国拥有灿烂文明，与现代政治制度相比还是落后。由于缺乏一个致力于发展经济、推动社会变革、为民众提供基本福利的政府机构，清朝帝国走向衰落。② 清朝末年，在西方现代科技、经济发展模式的入侵和挑战之下，清帝国家体制难以应对，逐步走向衰落，于 1912 年 2 月 12 日正式结束帝制统治，孙中山领导资产阶级民主革命军推翻清朝帝国统治，建立起近代意义上的"民族国家"。孙中山以"三民主义"为理念，着力构建现代化官僚体制，使国家权力能够解决"皇权不达县"的难题，使国家能够有效地对乡村社会进行监控和动员。然而，袁世凯复辟后，中国进入地方性军阀割据局面，中央权威和合法性暴力机构尚没有建立起来，科举制的没落导致传统士绅变成新兴商人、企业家等。"国家权力"实际上沦为各军阀头目争取利益的工具，强化中央权威的过程逐渐演变成对社会民众实行搜刮社会财富的过程。维系中国传统社会的"皇权—士绅—民众"三层架构面临着分裂与解体。在农村社会，基层政权财政汲取能力严重弱化，乡村治理主体由"保护型经纪"恶变为"赢利型经纪"，最终导致国家政权建设的"内卷化"③。在城市社会，警察与地痞错中交杂，联合起来搜刮民脂民膏，导致社会治安防控没有得到改善，并陷于混乱状态，民众处于水深火热之中。④

---

① 黄宗智：《集权的简约治理：中国以准官员和纠纷解决为主的半正式基层行政》，《开放时代》2008 年第 2 期。

② ［美］李侃如：《治理中国：从革命到改革》，中国社会科学出版社 2010 年版，第 23 页。

③ ［美］杜赞奇：《文化、权力与国家：1900—1942 年的华北农村》，王福明译，江苏人民出版社 2020 年版。

④ ［美］魏斐德：《上海警察：1927—1937》，章红等译，周育民校，上海古籍出版社 2004 年版。

2. 国家对社会的深度渗透：现代中国有效的整合能力

如何实现现代国家对基层社会的渗透和整合成为中国发展面临的首要问题。中国共产党运用马克思主义基本原理走上了夺取政权之路。中国共产党以偏远的农村地区为根据地，塑造意识形态，争取工人和农民的支持，最终夺得最高权威。1949 年 10 月 1 日，中华人民共和国诞生，中国进入新纪元，开启建构现代国家进程。随着国家政权体系的建立，中国现代国家实现对各个领域的严密控制以达到国家政权对基层社会进行渗透和整合。

在农村社会，中国共产党继续组织和动员工农参与社会主义建设，从而把分散化的基层社会整合到国家政权体系中来。① 在基层党组织深入基层社会的同时，传统乡村社会劣绅权威基本被打倒，新式乡村权威正式确立。正是通过这个权威体系，广大农民史无前例地被国家政权组织、动员起来。杨善华等通过对基层政权角色分析认为，新中国成立初期其忠实地贯彻与落实中央政府的方针、政策，扮演着"代理型政权"角色。这为中国共产党实现对农村社会的有效整合奠定基础。此外，中国共产党巧妙地利用意识形态把崭新的文化传递到基层社会，如文艺社团、学习班、普及广播系统等实现对基层社会的文化渗透，进而培养民众的社会主义、爱国主义等价值观。在城市社会，在解放初期居委会整顿方面，新中国执政党通过"阶级净化机制"将混乱复杂的城市社会整合为组织化社会。② 这为新生国家政权奠定社会基础。黄冬娅通过广州市基层工商所的研究发现，国家通过"求诉于市场管理的群众路线"来规范基层工商所行为，改善国家政权建设成效。③ 总之，党和国家的决策、指示有效地通过垂直高效的政权体系在极短时间内传递到社会的每个角落。1949 年到 1978 年间，国家通过"政党下乡""行政下乡""阶级净化""群众路线"等各种策略，初步实现国家政权对基层社会

① 徐勇：《"行政下乡"：动员、任务与命令——现代国家向乡土社会渗透的行政机制》，《华中师范大学学报》2007 年第 5 期。

② 郭圣莉：《阶级净化机制：国家政权的城市基层社会组织构建——以解放初期上海居委会的整顿与制度建设为例》，《甘肃社会科学》2007 年第 4 期。

③ 黄冬娅：《财政供给与国家政权建设——广州市基层市场管理机构研究（1949—1978)》，《公共行政评论》2008 年第 2 期。

的有效整合。中国现代国家的基本架构和运行机制已初步搭建起来，国家治理结构基本格局初步形成，并为中国现代国家成长奠定坚实的基础。

（二）推进市场经济：市场化改革及其带来的治理困境

建构主权国家为推进市场经济、助力中国经济增长提供前提条件。虽然新中国成立前30年搭建起了现代国家运行的基本架构，但仍然是一个"一穷二白"的社会主义国家。当时，邓小平审视危机四伏的中国体制，认为只有推行重大改革才能保住中国共产党，中国应该转向"推动经济增长"的道路上来。而中国要实现经济的快速增长，实现人民的共同富裕，只能由中国共产党来领导，脱离中共的绝对领导将带来动乱和暴力。[1] 在邓小平的指引下，中国推行改革开放政策，把市场经济带入社会主义国家中来。1978年，中国共产党带领全国人民进入市场经济发展阶段，重要举措之一便是从国家向地方放权以调动经济发展积极性和激发基层社会的活力。自此，社会力量与市场力量相继快速成长，初步呈现出现代国家、社会主体及市场主体三者协作运行的景象。

1. "政府—市场"关系：政府经营行为及后果

放权改革举措从国家推行"分灶吃饭"式财政体制开启。1978年以后，国务院颁布并施行了"划分收支、分级包干"的财政管理体制。党和国家树立"为经济增长而竞争"的发展理念，由此塑造中国经济发展高速腾飞的态势。在推动经济增长初期，地方政府开启"经营企业"之旅，各地方政府大规模地引进、组建乡镇企业成为改革开放初期的真实写照。地方政府发展经济的积极性被激发出来，他们通过卷入到乡镇企业的生产和运作当中，形成政府运作与经济发展相结合的方式来发展地方经济。然而，地方政府"经营企业"所获取的利益并没有用于改善社会福利和优化公共服务供给，而是扮演"谋利型政权经营者"[2]。一般而言，在市场经济充分发展的市场社会，市场是资源配置

---

① ［美］李侃如：《治理中国：从革命到改革》，胡国成、赵梅译，中国社会科学出版社2010年版，第139页。

② 杨善华、苏红：《从"代理型政权经营者"到"谋利型政权经营者"——向市场经济转型背景下的乡镇政权》，《社会学研究》2002年第1期。

中的基础性要素，政府主要扮演"服务者"角色、"管理者"角色。然而，在中国市场经济发展 40 余年里，在政府主导市场经济的背景下，政府权力与企业资本之间的纠结关系难以彻底厘清，进而导致"政企不分""政商不分"等现象，由此带来权力与资本之间的纠葛导致的腐败丛生，为"中国式腐败"的蔓延埋下温床。1994 年，国家实施了相对集权的"分税制"改革。改革的目的一方面是把地方政府的部分财政收入按比例地转移到中央政府；另一方面是规范地方政府的谋利性行为，推动企业产权制度改革，合理划分政府与企业之间的纠结关系。然而，分税制改革对地方政府产生了"驱赶效应"，地方政府逐步将财政收入的重点由预算内转到预算外、由预算外转到非预算。① 地方政府从"经营企业"转移到"经营土地"，地方政府纷纷把目光投向了土地的转让与开发。②

近年来，地方政府"经营土地"发展模式衍生出政府公共服务供给不足、社会保障滞后、贫富差距迅速拉大、社会抗争增多及住房成本激增等意想不到的后果。③ 基于政府"征用土地"而导致的农民维权抗争已成为威胁农村社会稳定的首要因素。④ 地方政府的逐利性行为导致经济增长、维护社会稳定的动力远超过为民众提供基本公共服务的动力，进而塑造了政府与民众之间的张力关系。

2. "政府与社会"关系：政府主导社会治理及面临的困境

推行市场经济以来，国家与社会发生结构性分离且呈现两个空间维度，多元化社会行动主体正在形成并在各领域中发挥越来越显著的作用。国家除了赋予地方政府大量经营空间，推动中国经济增长的同时；还放松对社会各要素的管制，激活社会力量的成长。自此，国家之外的社会个体、各类民间社会力量等取得蓬勃式发展，显然呈现出国家、市场、社会的良性互动格局。这些社会治理主体在公共产品供给、社会纠

---

① 周飞舟：《分税制十年：制度及其影响》，《中国社会科学》2006 年第 6 期。

② 周飞舟：《大兴土木：土地财政与地方政府行为》，《经济社会体制比较》2010 第 3 期。

③ 渠敬东、周飞舟、应星：《从总体支配到技术治理——基于中国 30 年改革经验的社会学分析》，《中国社会科学》2009 年第 6 期。

④ 于建嵘：《土地问题已成为农民维权抗争的焦点——关于当前我国农村社会形势的一项专题调研》，《调研世界》2005 年第 3 期。

纷解决、社会福利保障、环境保护等方面发挥着积极作用。

就国家与公民之间关系而言，伴随国家向社会放权力度的加大，中国公民的权利意识和民主参与意愿被激活，多元化价值观念大量涌现。公民不仅有意向且愿意参与公共政策的制定并监督公共政策的执行，而且希望在公共财政预算等上有更多的知情权。民众正在采用多样形式、多元渠道的政治参与策略来影响公共事务的处置、公共政策的抉择等。然而，由于历史惯性的影响，政府与民众之间的沟通在一定程度上存在不对等性，并没有建立起平等地与民众的沟通与对话机制。如何应对具有现代公民意识的社会民众成为政府面临的首要问题。

就政府与社会组织关系而言，改革开放以来，各类社会主体日益成长成为一支相对成熟的行为主体。在政府的鼓励和扶持之下，各类民间社会组织在公共服务供给、环境保护、农民工救助、慈善事业等方面发挥越来越重要的作用，成为公共事务治理的重要行动主体。此外，随着民众对多元化公共服务诉求的不断加强，政府难以应对多元化、多样化公共服务，各类民间社会组织则在此过程中发挥作用的空间得到一定程度的释放。然而，政府机关不断地扩展自身的权力管辖范围，这在一定程度上限制民间组织发展，导致民间力量在萎缩、地方创新日益艰难，社会活力有减弱迹象。因而，政府如何释放空间，激活社会组织活力，从而建构起多元协同治理格局成为党和政府面临的重要问题。

总之，市场经济体制不仅调动地方政府经营企业、经营土地的积极性，而且为社会力量、市场力量的成长营造了可发挥、可拓展的空间。然而，地方政府经营性行为为中国经济腾飞奠定坚实基础的同时，亦为中国治理带来新的难题。21世纪以来，党和国家提倡"构建和谐社会""建设社会主义新农村""科学发展观"等化解治理困境的解决思路，近年来，亦有学者呼吁"重建社会""社会建设"① 来重构国家（政府）与社会（民众）的互动关系，但并没有从结构性角度来解决新时期所面临的治理难题。

---

① 孙立平：《走向积极的社会管理》，《社会学研究》2011 年第 4 期；何艳玲：《"回归社会"：中国社会建设与国家治理结构调适》，《开放时代》2013 年第 3 期。

（三）优化国家治理体系：中国现代国家成长再出发

改革开放政策的深入推进在解决中国经济增长、社会力量不断成熟的同时，又为当代中国带来新的治理难题。尽管党和政府提出一些重要的改革策略，但这些化解困境的方案缺乏系统性、联动性，难以实质性地解决改革开放40余年来累积的治理难题。如何进一步提升国家治理能力，增强国家解决世纪难题的能力成为党和国家需要思考的时代之问，亦是学术界关注的焦点。2013年10月，党的十八届三中全会正式提出"推进国家治理体系和治理能力现代化"的战略部署，以化解改革开放40余年所带来的连带性治理危机。自此，党和政府开启了把"国家治理"作为推进中国现代国家成长的有效抓手，妥善协调政府主体、市场主体、社会主体三大行为主体之间良性互动关系。

针对这个改革战略的提出，学术界对此进行了热烈的讨论，并对"国家治理体系"和"治理能力现代化"进行了系统探讨。首先，学界对国家治理体系的划分上，大多数学者主要依循国家治理、市场治理及社会治理三个维度来分类[1]，亦有学者认为国家治理体系包含政治、经济、社会、文化、生态、政党等多领域、多层次治理结构。[2] 其次，俞可平认为，衡量一个国家治理现代化的标准是"权力规范化、法治化、民主化、效率、协调"等[3]。何增科认为，国家治理体系的目标体系是可持续发展、民生与民权的改善和可持续的稳定。[4] 肖滨从历史趋势、现实挑战、全球视野及优化治权等四个维度来对国家治理现代化进行战略定位。[5] 总之，学者们围绕"国家治理体系"与"治理能力现代化"进行大量有益解读，并把构建政府、市场与社会三者之间良性互动作为提升国家治理能力的基本指向。综合上述学者的观点及近年来改革经验，我们把推进中国国家治理能力现代化划分为两个维度："优化治理

---

① 俞可平：《推进国家治理体系与治理能力现代化》，《前线》2014年第1期。
② 薛澜、李宇环：《走向国家治理现代化的政府职能转变：系统思维与改革取向》，《政治学研究》2014年第5期。
③ 俞可平：《推进国家治理体系与治理能力现代化》，《前线》2014年第1期。
④ 何增科：《理解国家治理及其现代化》，《马克思主义与现实》2014年第1期。
⑤ 肖滨：《中国国家治理现代化的战略定位》，《中国人民大学学报》2015年第2期。

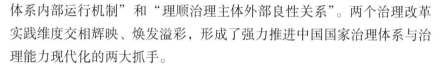

体系内部运行机制"和"理顺治理主体外部良性关系"。两个治理改革实践维度交相辉映、焕发溢彩，形成了强力推进中国国家治理体系与治理能力现代化的两大抓手。

1. 优化治理主体：变革治理主体的运行机制

为了推动中国现代国家平稳成长，党中央以"国家治理体系现代化"为导向，对其自身进行大刀阔斧的改革。首先，中国共产党既是推动国家治理现代化的核心主体，也是优化治理主体运行机制的核心要素。近年来，中国共产党通过"践行群众路线""依法治国""全面从严治党""八项规定""反腐重拳出击，'老虎''苍蝇'一起打""创新基层党建工作"等执政方针，全力巩固执政党自身建设，再造执政党的组织能力和动员能力，激发执政党的自身活力，进而提升执政党的执政合法性，从而为推动国家治理体系与治理能力现代化提供基本前提。其次，政府体系是推进国家治理现代化的实际操作者。无论是国家经济发展、小康社会建设还是公共文化繁荣都需要各级政府去推动和组织。为了解决央地之间的权力配置困境，党和政府过去几年持续推进"简政放权改革"，以实现中央政府与地方政府双向均能发挥其应有绩效。近年来，仍持续不断推进"行政审批制度改革""投资审批制度改革""商事制度改革""职业资格改革""权力清单制度""事业单位分类改革"等。中央政府大刀阔斧进行"简政放权改革"目的在于让市场在资源配置起基础作用，激发社会创造力和市场活力，形成"大众创业、万众创新"的经济发展格局。基于此，围绕"简政放权改革"，地方各级政府围绕"创新社会治理模式""创新公共服务供给体系"等进行地方政府创新实践，以解决经济增长与社会善治之间的张力。最后，进一步强化人民代表大会制度和政治协商制度。人民代表大会和人民政协是国家治理体系的重要组成部分。健全人大运行机制，通过座谈、听证等方式让公民参与到立法途径之中，积极回应民众关心的社会议题。完善政协制度，有效促进人民政协履行监督、参政、议政等功能。多年来，人民代表大会和人民政协与时俱进推动多元化、多层次民主广泛发展，从而推动中国特色社会主义民主继续前行，从而坚实落实党的领导、人民当家做主与依法治国的有机结合。总之，优化治理主体运行机制目的在于把中央与地方各级治理体系的关系纳入法制化轨道，形成治理主体内部的纵向上和横向上的分工与协作关系，既保证中央顶层理性设计又促进地方创新实践。

2. 调适治理关系：搭建治理主体外部良性格局

通过观察和梳理，十八届三中全会以来的改革实践大致包含经济体制改革、政治体制改革、文化体制改革、社会体制改革及生态文明改革等五个维度。这五大维度实质上暗含着，在优化治理主体运行机制的基础上，应该着重理顺治理主体与市场（企业）、社会（组织）及公民等方面的关系。首先，协调治理主体与市场关系。国务院提出"简政放权改革"不仅是优化央地之间的权力配置困境，而且是协调政府与市场关系的重要举措。决定指出："使市场在资源配置中起决定性作用和更好地发挥政府作用。"近年来推进的企业商事制度改革，有效地解决企业"准入不准营"的困境，并在地方（如顺德、东莞等）形成可复制的经验。其次，协调治理主体与社会关系。十八大以来，执政党多次强调构建党委领导、政府负责、社会协同、公众参与的治理结构。为此，党和政府着力围绕改善民生、促进社会公平，全力地在改革分配制度、促进共同富裕等方面进行一定的尝试。此外，政府部门还积极主动地放宽对社会组织的准入门槛，促进各类社会组织在相关领域发挥作用。这个举措促进有效社会治理体系的生成，为营造一个既充满活力又和谐有序的美好社会奠定基础。再次，协调治理主体与公民关系。随着市场经济的深度推进，中国公民的权利意识迅速觉醒，尤其是基于违法征地、腐败治理不济等引发的民众不满日益增多。由于民众利益多元化、诉求多样化，其需要平台来舒缓政府与公民之间的紧张关系。近年来，地方政府围绕疏通民意进行大量创新尝试，如广东顺德公共决策咨询委员会、浙江温岭基层民主协商等。总之，理顺治理主体外部良性关系在于构建一个"多元协同"的治理结构，实现政府、市场、社会三个机制的有机配合。[①] 这个治理结构的形成不仅需要一个有责任、有能力、有担当的治理主体（中国共产党、中央政府、人大及政协），更加需要坚实的市场主体、活跃的社会主体。各个治理主体之间的有效整合、各司其职，有助于平稳推动国家对社会的有效治理，推动中国现代

---

① 燕继荣：《国家治理现代化的重要任务》，《人民论坛》2017 年第 3 期。

国家成长。

总之，十八届三中全会以来，中国共产党"推进国家治理体系和治理能力现代化"战略部署提出，是对改革开放以来的发展难题进行有效治理的武器。实际上，优化国家治理体系的目的在于实现国家治理现代化，宗旨在提升国家解决社会问题的能力。纵观近年来的改革探索，国家治理已经取得一定成效，并且已经显露出国家转型的迹象。无论中央层面治理模式的变革实践，还是如雨后春笋般涌现出来的地方治理创新经验，都构成推动中国现代国家成长的重要实践探索，它们在推进政府、市场及社会三大行动主体的良性互动上做出诸多尝试。当然，推进国家治理体系与治理能力现代化的实践过程仍在持续进行之中，其改革实践成效尚需接受更长时段的实践检验。

二 国家与社会关系的"国家中的社会"架构

从国家建设的演进历程来看，新时代的社会治理要高度重视国家视角，清晰认识国家在社会治理中的定位与功能，才能在探究国家与社会关系新内涵基础之上推进治理体系优化，推进社会治理体系与治理能力现代化。事实上，十九届四中全会提出的新论断"社会治理是国家治理的重要方面"，蕴含着国家与社会关系再认知的内在要求，是新时代社会治理、社会治理共同体建设的强大思想基础。

自十八届三中全会提出要"加快形成科学有效的社会治理体制"以来，学术界分别从国家与社会关系、社会治理现代化、技术治理、社会治理创新等理论视角对社会治理展开研究，其中国家与社会关系视角重在揭示社会治理体制及体系内涵，在中国社会治理变迁及经验研究中受到广泛重视。譬如郁建兴、关爽提出"国家主导下的社会治理"关系概念，用以探索当代中国社会治理机制的生成逻辑。[①] 宋道雷认为共生型国家社会是社会治理过程中政府与社会组织互动所体现出来的中国

---

① 郁建兴、关爽：《从社会管控到社会治理——当代中国国家与社会关系的新进展》，《探索与争鸣》2014 年第 12 期。

本土化国家社会关系的一种类型。① 汪锦军强调社会治理中的政社关系再平衡。② 然而，这些有益的探索仍较难在理论层面有效回应政党、政府在社会治理中的定位问题，在使用治理理论及话语的过程中，容易遭遇西方治理话语对国家逻辑的消解风险。中央提出"社会治理是国家治理的重要方面"，"完善党委领导、政府负责、民主协商、社会协同、公众参与、法治保障、科技支撑的社会治理体系"。这些政策话语表明，在使用国家与社会关系讨论社会治理时，不能忽视国家视角。"西方的治理困境及中国的治理实践表明，国家主导是治理体系现代化的内在逻辑。"③ 为此，本书尝试使用"国家中的社会"概念来分析中国的社会治理，力图在社会治理体系中对国家治理、政党治理、政府治理、社会治理有一个逻辑自洽性和现实契合性的解释。

从历史逻辑来看，国家在主动调整自身功能定位中决定着社会治理形态。中华人民共和国成立后的前 30 年，中国处于总体性社会结构之中，相对独立于国家之外的社会空间、社会组织、社会行动以及社会政策十分欠缺。改革开放以后，中国社会治理形态发生深刻变革，从"社会管控"到"社会经营"再到"社会管理"最后到"社会治理"，国家不断释放和扩展社会领域的空间，社会逐步成长为一个具有主体性和自主性的领域，从而为国家的社会治理提供越来越丰富的政策工具和治理形式。④ 社会治理的历史发展进程表明，社会治理的不同形态是国家功能定位调整和政策扶持的结果。换言之，国家是社会治理的前提，国家中的社会治理是对中国社会治理实践的认知总结。

就理论逻辑而言，需要厘清两个问题：一是何种国家与社会关系在规范意义上更加契合于国家治理与社会治理发展？二是国家在国家与社会关系中的领导作用如何发挥？对于第一个问题，邓正来提出的市民社会与国家的两种架构无疑可以作为讨论的起点，在此基础上，本书结合

---

① 宋道雷：《共生型国家社会关系：社会治理中的政社互动视角研究》，《马克思主义与现实》2018 年第 3 期。

② 汪锦军：《嵌入与自治：社会治理中的政社关系再平衡》，《中国行政管理》2016 年第 2 期。

③ 陈进华：《治理体系现代化的国家逻辑》，《中国社会科学》2019 年第 5 期。

④ 陈鹏：《中国社会治理 40 年：回顾与前瞻》，《北京师范大学学报》（社会科学版）2018 年第 6 期。

史坦恩的国家学体系详细阐述"国家中的社会"架构，并多维度比较三种架构。

第一种架构是"市民社会先于或外在于国家"。以洛克为代表的近代自由主义思想家透过自然状态假定、社会契约观推论出一个前于、外于或独立于国家的社会身份，国家则是处于社会中的个人基于契约而形成的理性产物。"在这里，国家之于市民社会，只具工具性的功用，是手段而非目的。"①

第二种架构是"国家高于市民社会"。黑格尔在区分政治社会、市民社会、自然社会的基础上，认为"市民社会是独立的，但却不是自足的"，而给予救济或干预的道义力量便是"绝对自在自为的理性"的国家。② 国家能将市民社会的私利融合进代表普遍利益的政治共同体中，故而，国家高于市民社会。

第三种架构是"国家中的社会"。20 世纪六七十年代国家研究在西方学术界复兴，"找回国家"的研究思潮驱使研究者重新重视 19 世纪欧洲大陆的学者，尤其是德国学者的研究成果，因为他们"仍然坚持国家是一种机制性的现实，重视国家对公民社会所施加的作用和在公民社会内部所产生的影响"③。然而，从研究者的文献引用来看，彼时西方学术界及当前中文学术界都忽视了 19 世纪德国国家法学者史坦恩的思想。史坦恩的社会理论和国家理论对于在规范意义上思考国家、社会与个体之间的关系具有非常重要的时代意义。在史坦恩的国家学体系中，人、社会、国家是一个各自具有独立"人格"且互为依赖的思想体系。该体系以人的自由为起点，通过社会这个必要过程，发展出人格化的国家观，再经由国家与社会的有机互动、可持续的社会改革，国家人格与个人人格相统合，最终提升整体自由和发展个人自由。史坦恩借助环环相扣的思辨，诠释"国家中的社会"的理论内涵，即"社会生

---

① 邓正来、[英] J. C. 亚历山大编：《国家与市民社会：一种社会理论的研究路径》，中央编译出版社 2005 年版，第 93 页。

② 邓正来、[英] J. C. 亚历山大编：《国家与市民社会：一种社会理论的研究路径》，中央编译出版社 2005 年版，第 89—90 页。

③ [美] 彼得·埃文斯、[美] 迪特里希·鲁施迈耶、[美] 西达·斯考克波编著：《找回国家》，方力维、莫宜端、黄琪轩等译，生活·读书·新知三联书店 2009 年版，第 8 页。

活的特性使得国家人格得以获致自主发展的机会","纯粹抽象的国家理念只有与社会产生联结之后，才获致国家的特有内涵"①。

首先，个体借助精神和物质两维要素建构起个体人格，通过符合伦理的生活秩序，实现个人意志与行为的整合及其自在自为的自由。但是，"由于个人生命有限、能力局限，所以只能在共同生活体中完成内在道德任务"，"为了充分实现个人伦理的内在道德，我们必须选择并经营共同生活，以解决个人完整性与有限性的矛盾。"②

其次，社会是个人迈向自由的必要过程。通过道德秩序和道德发展的实现，个体及社会有机体能展现文明的伦理生活，驱动自我人格发展自由。然而，"不论是个人层面的道德生活或者社会生活层面，利益的作用居于相当关键的地位，构成人类生活永恒的紧张关系，社会变动之所以会形成社会对立的现象，便是基于社会利益的作用"③。在社会有机体中，利益、特殊利益乃至对立的利益始终与个体人格相伴相随，它们会导致社会紧张、社会冲突和社会危机。究其原因，"在社会阶级以及类型的建构过程中，不论处于何种发展的阶段，首先会出现的就是前述的社会排他性以及不自由的情形，因为任何的利益以及特殊利益永远是先验存在"，"如果我们思考基于利益与特殊利益所产生的社会排他性以及不自由的现象，再相对于更高道德层次所形塑的人格概念，就会出现所谓的社会危机"④。

最后，面对社会发展的自我矛盾，人的生活便走向了更完整的共同生活即国家的人格与秩序。"国家的必要，是因为对社会的反思，对社会利益与阶级利益的反思，认为那不是一种永续的状态，不符合人的自由本质，所以绝对需要一种截然不同于社会的理念与机制。这是基于二元对立正反合的辩证方法，反思的目的，不在于否定社会利益的作用，

---

① ［德］史坦恩：《国家学体系：社会理论》，张道义译，（台北）联经出版事业股份有限公司 2008 年版，第 56 页。

② ［德］史坦恩：《国家学体系：社会理论》，张道义译，（台北）联经出版事业股份有限公司 2008 年版，第 lvii 页。

③ 张道义：《社会理论与社会国理论：史坦恩的模式》，《台大法学论丛》第 39 卷第 4 期。

④ ［德］史坦恩：《国家学体系：社会理论》，张道义译，联经出版事业股份有限公司 2008 年版，第 245 页。

而是在承认社会利益的前提下，寻找它的对立面，在两者有机互动的变动中，达到提升的目的，提升社会利益对人的自由作用。反思的结果，便是形成基于公共利益的国家理念，这是一种既能调和社会利益，又能建立自主人格的国家理念。"① 由此，便产生了国家与社会的有机互动问题。史坦恩对此的思考模式是二元的，即"国家如何具有社会的正当性，以及社会如何成为国家的目的论，在这个基调上，国家的要素如宪法、行政与公权力机制都应建立社会关联与意义，而社会秩序与社会和谐的变动，也必定成为国家的目的"②。"所以国家扶助个人达到自由的目的，并不表示国家取代社会，而在于积极的创造社会条件，消极的底线也在于调和社会利益的冲突，让每个国民的人格自由都能在社会生活中实现，因为个人的不自由既然是在社会，那么真正的自由还是必须在社会中落实。"③ "至于国家与社会的互动方式，社会必须经由国家的制度以实现利益与秩序，而国家公权力则必须以社会和谐为目的，换言之，社会必须以国家为手段，以避免社会斗争甚至社会革命；国家则以社会为目的，公权力才有正当性。社会如果只依其自我实现的手段，势必自我局限在利益对立与斗争的结果，无法实现社会文明永续的目的；国家如果只依其纯粹理念，势必停留在宪政层次，无助于个人自由的物质基础。"④

为了揭示"国家中的社会"架构对于中国国家与社会关系状态的契合性，我们可以将此与前两种架构进行比较认识。从理论起点来说，"市民社会先于或外在于国家"架构以自然状态为起点；"国家高于市民社会"架构以家庭、市民社会、国家的比较为起点；"国家中的社会"架构以人的自由及其社会条件为起点。从对社会的界定看，"市民社会先于或外在于国家"架构认为社会是独立于国家、先于国家而存在的共同体、身份或生命；"国家高于市民社会"架构认为社会是"个人私利的战场，是一切人反对一切人的战场，同样，市民社会也是私人

---

① 张道义：《社会理论与社会国理论：史坦恩的模式》，《台大法学论丛》第 39 卷第 4 期。
② 张道义：《社会理论与社会国理论：史坦恩的模式》，《台大法学论丛》第 39 卷第 4 期。
③ 张道义：《社会理论与社会国理论：史坦恩的模式》，《台大法学论丛》第 39 卷第 4 期。
④ 张道义：《社会理论与社会国理论：史坦恩的模式》，《台大法学论丛》第 39 卷第 4 期。

利益跟特殊公共事务冲突的舞台，并且是它们二者共同跟国家的最高观点和制度冲突的舞台"①；"国家中的社会"架构认为社会具有双重性，社会不仅是由个体所组成，是个人之间共同生活在精神层面的结合方式，而且是以个人利益为基础，并且将以持续的利益冲突作为必然的发展过程。② 从对国家的界定来看，"市民社会先于或外在于国家"架构强调国家是"必要的恶""守夜人"；"国家高于市民社会"架构认为国家是"伦理理念的现实""绝对自在自为的理性"，是普遍利益的代表者，是伦理的最后阶段；"国家中的社会"架构认为国家是人格化的人类共同体，以真实的公共利益为其内容与目的，是"必要的善"③。从国家与社会的互动来看，"市民社会先于或外在于国家"架构强调国家是社会的工具，国家的权力应当受到限制，国家不能渗透社会，仅仅需要提供必要的保护；"国家高于市民社会"认为国家是帮助市民社会克服不自足性，走向伦理的最高秩序；"国家中的社会"架构认为国家与社会是一种既对立又统合的关系，由于社会的原则是利益、国家的原则是自由，所以国家与社会处于直接的对立关系，但是能够调和精神与物质的人格理念与力量，能够统合国家与社会的矛盾，所有的矛盾对立在国家之中，得到统合，在社会之中，产生秩序。④ 从理论目的来看，"市民社会先于或外在于国家"架构的目的指向社会发展与个人权利保护；"国家高于市民社会"的目的是实现最高阶段的伦理生活，国家本身即是目的；"国家中的社会"架构的目的是社会的文明发展，国家是实现社会目的手段。从理论风险来看，"市民社会先于或外在于国家"架构可能导向政治化的革命、自治与自决的政治化误导、非政治化的无政府状态等风险；"国家高于市民社会"可能导向政治上的独裁主义；"国家中的社会"架构可能导向社会的国家化乃至社会的消灭，也可能国家权力被社会特殊利益所俘获、国家的自主性丧失陷入弱国家境地。

---

① ［德］黑格尔：《法哲学原理》，范扬、张企泰译，商务印书馆1961年版，第309页。
② ［德］史坦恩：《国家学体系：社会理论》，张道义译，（台北）联经出版事业股份有限公司2008年版，第30页。
③ ［德］史坦恩：《国家学体系：社会理论》，张道义译，（台北）联经出版事业股份有限公司2008年版，第54、70页。
④ 张道义：《社会理论与社会国理论：史坦恩的模式》，《台大法学论丛》第39卷第4期。

比较而言，"国家中的社会"架构更契合当前中国的国家与社会关系形态，即国家是"必要的善"，国家是实现社会文明发展和人格自由的重要手段，通过发挥国家自主性至少致力于调和社会利益冲突，更应积极的创造条件发展社会中的个体自由，如表1—1所示。反之，"国家的自主性丧失，连带的也丧失前述绝对必然的要素及其内含的至高道德特质，那就是象征所有社会利益的整合协调，其结果必然是社会各利益之间无止境的斗争，导致共同生活体的溃散，而且由于社会资源以及利益的剥夺是毫无止境，所以争斗各方必定互相压迫、暴力相向，最终就是共同生活体内在与外在的毁灭"①。"在整合过程中，国家必定持续面对和谐社会与病态社会的两极发展，这种矛盾的两极发展是内在于国家人格，国家必须建立自主的意志力与行动力以调和内在的矛盾。"②

表1—1　　　　　　　　国家与社会关系的三种架构比较

比较维度	市民社会先于或外在于国家	国家高于市民社会	国家中的社会
理论起点	自然状态	家庭、市民社会、国家的比较	人的自由及其社会条件
对社会的界定	独立（前置）于国家而存在的共同体	个人私利的战场，私人利益与公共事务冲突的舞台	个体共同生活在精神层面的结合方式，伴随着持续利益冲突
对国家的界定	必要的恶、守夜人	普遍利益的代表者、伦理的最后阶段	人格化的人类共同体、必要的善
国家与社会互动	国家是社会的工具，国家对社会提供必要的保护	国家救济市民社会，克服不自足性，走向伦理的最高秩序	既对立又统一，所有矛盾统合在国家之中形成社会秩序
理论目的	社会发展与个人权利保护	国家代表的最高伦理生活	社会的文明发展

① ［德］史坦恩：《国家学体系：社会理论》，张道义译，（台北）联经出版事业股份有限公司2008年版，第57页。

② 张道义：《社会理论与社会国理论：史坦恩的模式》，《台大法学论丛》第39卷第4期。

续表

比较维度	市民社会先于或外在于国家	国家高于市民社会	国家中的社会
理论风险	政治化的革命、自治与自决的政治化误导、非政治化的无政府状态等	政治上的独裁主义	社会的国家化、国家自主性丧失、弱国家

抽象的国家人格需要具体化为国家有机体。国家不仅需要通过权力代理机制落实对于社会的工具理性，更需要经由国家自主性解决权力代理机制的能力问题。这就需要回答第二个问题，即国家在国家与社会关系中的领导作用及其如何发挥。[①]

由于历史局限性，史坦恩将国家的代理机制设定为君主，认为其具备推动社会改革的正当性。或许在君主立宪政体中君主具有代表国家人格的中立性和合法性，但其推进社会改革的能力却是一个被忽视的问题。因此，在民主共和的政党政治之中，国家的代理机构需要考虑两个条件：一是代表国家人格的正当性和合法性；二是推进社会改革的国家能力。聚焦到中国的党政体制，中国共产党不同于西方政党政治作为"部分的政党"，而是作为"整体的政党"在国家治理中发挥领导功能。景跃进用"政党在国家中"来描述中国共产党的结构性位置，"将国家与社会关系二分法发展为政党、政府与社会关系三分法"[②]。换言之，在中国社会建设、社会治理活动中，中国共产党和政府是国家公权力的代理机制。"党的十八届三中全会在总结改革开放历史经验时强调，要坚持以人为本，尊重人民主体地位，发挥群众首创精神，紧紧依靠人民推动改革，促进人的全面发展；在全面深化改革的指导思想中鲜明提出，要以促进社会公平正义、增进人民福祉为出发点和落脚点。"[③] 这

---

① ［美］乔尔·S. 米格代尔：《强社会与弱国家：第三世界的国家社会关系及国家能力》，张长东、朱海雷、隋春波、陈玲译，张长东校，江苏人民出版社2009年版，第6页。

② 景跃进：《将政党带进来——国家与社会关系范畴的反思与重构》，《探索与争鸣》2019年第8期。

③ 中共中央党史和文献研究院、中央"不忘初心、牢记使命"主题教育领导小组办公室编：《习近平关于"不忘初心　牢记使命"论述摘编》，中央文献出版社、党建读物出版社2019年版，第130页。

充分表明，中国共产党是一个坚持以人民为中心、不忘初心的使命型政党，党和政府作为国家人格的代表，具有超越社会特殊利益、践行公共利益的道德正当性。十九届四中全会指出，"新中国成立七十年来，我们党领导人民创造了世所罕见的经济快速发展奇迹和社会长期稳定奇迹，中华民族迎来了从站起来、富起来到强起来的伟大飞跃"①。这表明，中国的党政体制具有强大的制度优势，党和政府在推动社会发展上展现出了强大的能力。

总之，中国社会治理不能忽略国家与社会关系范式转换背景下的国家视角，需要对以治理之名消解国家功能的思想保持警惕。"国家中的社会"架构揭示出"社会治理是国家治理的重要方面"的结构性意涵。中国共产党和政府作为国家人格的代理机制，在社会治理体制中共同发挥着"元治理"功能，具体表现为对社会治理的党委领导、政府负责。

三 精准扶贫进程中的贫困村庄社会治理共同体建设

党的十九大报告要求打造共建共治共享的社会治理格局，十九届四中全会强调构建基层社会治理新格局，并提出建设人人有责、人人尽责、人人享有的社会治理共同体目标。社会治理共同体是拥有共同目标的现代社会群体②，也是一个"价值—结构—行为"共同体。③ 进而言之，社会治理共同体是多元治理主体协同参与解决社会问题，以实现公共利益与私人利益平衡、社会秩序与社会活力平衡的共建共治共享的社会治理体系。这既为被扶贫村庄治理提供了方向指引，又勾勒出贫困村庄社会治理共同体建设的重要理论命题。精准扶贫进程中的贫困村庄作为国家与社会领域交汇的特殊场景，其社会治理共同体建设对于当前的精准扶贫工作以及后扶贫时代的脱贫村治理、乡村振兴都具有重要的实

---

① 《中共中央关于坚持和完善中国特色社会主义制度，推进国家治理体系和治理能力现代化若干重大问题的决定》（2019 年 10 月 31 日中国共产党第十九届中央委员会第四次全体会议通过），http：//www.xinhuanet.com/politics/2019－11/05/c_1125195786.htm.

② 郁建兴：《社会治理共同体及其建设路径》，《公共管理评论》2019 年第 1 期。

③ 黄建洪、高云天：《构筑"中国之治"的社会之基：新时代社会治理共同体建设》，《新疆师范大学学报》2020 年第 3 期。

践价值。贫困村庄社会治理共同体作为精准扶贫进程中的被扶贫村庄治理目标，是一类具体的、特殊的社会治理共同体，强调多元治理主体协同解决贫困村治理效能不足问题，以实现贫困村庄社会秩序与社会活力的再平衡，进而恢复和重建以文化认同与情感归属为核心的村庄共同体，推动村庄可持续发展。这能从微观实证层面呈现出外部扶贫力量所代表的国家力量嵌入被扶贫村庄治理的理论缘由、行动机制与内在逻辑，反映出所依循的社会治理共同体建设的理论规律。

从社会治理的国家视角来看，国家是社会的手段，社会是国家的目的。社会是个人自由实现的关键场所，在社会治理中，党和政府作为国家的代理机制承担着杰索普所言的元治理角色。通过策略关系治理，"国家既是广泛社会中的一个组成部分，也是保证该社会的机构制度完整和社会凝聚力的责任承担者"[1]。"在元治理中，国家的作用在于：为治理和规章秩序提供基本规则，使治理伙伴通过这些规章秩序实现目的，确保不同治理机制和规制的兼容性或连贯性；充当政策共同体中对话的主要组织者；展开一种有组织的对情报和信息的相对垄断，从而塑造人们的认知期待；在治理内部有冲突和有争议时充当'上诉法庭'；为了系统的利益或社会凝聚，试图通过支持弱势的力量或系统来平衡权力差异；试图更改认同的自我理解，策略能力以及个人和集体行动者在不同策略环境中的利益，并且由此改变它们对有限策略的影响等"[2]。即便如此，在国家的元治理之外，国家并未取消其他的治理形式，尤其是那些原本属于社会领域的自主与自治机制。

故而，基于国家与社会关系的"国家中的社会"架构，社会治理共同体的形成事实上面临着两个共同体的情境，一个是社会共同体，一个是政治共同体，运用好这两个共同体内含的治理形式以及处理好两个共同体之间的关系是社会治理现代化的关键所在。如图1—1所示，置于政治与社会两个共同体的互动情境之中考察发现，社会治理共同体具有公共性、参与性与共享性三个维度，亦可视为社会治理共同体的三个支点，它们彼此相连，为推动贫困村庄社会治理共同体建设提供了认知框架。

---

① 郁建兴：《论全球化时代的马克思主义国家理论》，《中国社会科学》2007年第2期。
② 郁建兴：《论全球化时代的马克思主义国家理论》，《中国社会科学》2007年第2期。

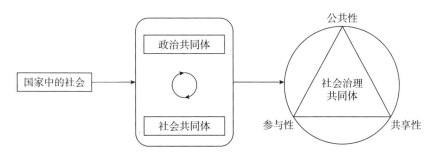

图1—1　社会治理共同体建设的认知框架

（一）公共性之维

社会治理共同体具有突出的公共性，强调人人有责。"社会、国家作为公共存在的公共性，无疑是其中最为核心的东西。社会的管理和国家的治理都是某种公共性的实现方式，它要建构起相应的公共性，并且推动共同体公共性的发展。"① 公共性作为一种社会价值，包含公开性、共有性、社会有用性等要素，是一种能够激励个体或组织为公共善而努力行动的价值体系。② 公共性突出的共同体能够有效建构起个体（组织）与共同体之间的情感纽带和权责联结，提高个体（组织）参与社会治理的情感、意愿和能力。

依循"国家中的社会"逻辑，个体所在的共同体呈现出社会共同体和政治共同体两个面向。故而，社会治理共同体的公共性发展与两个共同体的公共性提升紧密相关。

就社会共同体而言，滕尼斯指出，"在共同体内部，关系本身即结合，或者被理解为现实的和有机的生命——这就是共同体的本质"③，进而言之，弥散于个体与集体间的社会关系便是社会共同体的本质属性。涂尔干从社会结构的角度审视共同体，认为社会共同体经历着

---

① 郭湛：《治理的根本：共同体、公共性及其发展理念》，《华中科技大学学报》2018年第4期。

② 田毅鹏：《东亚"新公共性"的构建及其限制——以中日两国为中心》，《吉林大学社会科学学报》2005年第6期。

③ ［德］斐迪南·滕尼斯：《共同体与社会——纯粹社会学的基本概念》，林荣远译，商务印书馆1999年版，第52页。

"机械团结"到"有机团结"的变迁，个体差别和个人自由在"有机团结"中得到释放，但是集体意识却遭到削弱。① 以村庄社会共同体为例，伴随着工业化、市场化和城镇化，"机械团结"的传统村庄社会正向"有机团结"的现代村庄社会转型，原有道德支柱和集体意识的社会整合功能逐渐削弱。发展集体经济、增强村庄公共利益等有利于提升村庄社会整合能力，增强村民参与公共事务的社会动员能力。对此，齐格蒙特·鲍曼认为现代化进程使个体被强行从传统共同体中"脱域"出来，导致个体迷失，引起个体价值感丧失和不确定、不可靠、不安全感泛滥。面对过度"祛魅"，鲍曼试图重建共同体医治个体与现代社会的各种痼疾，即"如果说在这个个体的世界上存在着共同体的话，那它只可能是（而且必须是）一个用相互的、共同的关心编织起来的共同体；只可能是一个由做人的平等权利，和对根据这一权利行动的平等能力的关注与责任编织起来的共同体。"② 总之，社会治理需要借助社会共同体观念，通过集体意识、互赖的情感等提升共同体的公共性，帮助个体在不确定的世界中寻找安全。

从政治共同体来看，近代以来个体与共同体之间的政治秩序安顿主要奠基于个体权利体系之上，但这种以个体权利的确认为中心的政治共同体仍然面临着个体迷失、利益分化、关系异化等诸多困境。鲍曼对此指出，"私人化的个体性，它们都意味着本质上的不自由"③。马克思也对这种政治共同体进行了批判，即"马克思的共同体思想簇拥着一个共同体的族群，即货币—资本抽象共同体剪断了基于血缘和地缘的温情脉脉的自然共同体的脐带，把个人从政治共同体和社会共同体互为一体的混沌状态下分离出来，个人成为政治共同体的一个公民，个人拥有了人权、平等、自由等符号聚集的政治属性，但同时也变成为了货币—资本抽象共同体里面的一个个原子式存在者，个人在这里为了个人利益进

---

① ［法］埃米尔·涂尔干：《社会分工论》，渠敬东译，生活·读书·新知三联书店2017年版。

② ［英］齐格蒙特·鲍曼：《共同体》，欧阳景根译，江苏人民出版社2007年版，第177页。

③ ［英］齐格蒙·鲍曼：《寻找政治》，洪涛、周顺、郭台辉译，上海人民出版社2006年版，第55页。

行人与人之间的战争，政治解放安置了个人的政治存在，但并没有平息个人在社会共同体里的纷争，二元对峙的基本格局渐次形成并被制度化"①。故而，有学者提出要用共同体理论重构社会治理话语体系，"以共同体理论为分析视角离析出相互的情感、彼此的依存和共同的行动这几个核心要素，将研究的观察点聚焦于社会治理中共同体及其开展的社会治理行动，以此来尝试赋予社会治理话语体系以新的阐释力"②。

基于此，为提升政治共同体面向的公共性，社会治理应注重从个体权利与义务平衡的视角来设置治理规则，通过发展公民权利与义务的总体交换来创建文明社会秩序。政治共同体中的总体交换，是指出于他人利益考虑的行为，"是由一人至他人而不期待直接回报的物质或精神的商品与服务的交换。这种交换形成一条链，因而最终有某种具体的或一般的好处可能回归于其原始者"③。"总体交换能保留这一政治和经济平等领域。它要求人们有耐心，能顾及更大的群体或社会的结果，并从总的方面建立社会信任。"④ 故而，总体交换能够通过提升社会的参与、信任和忠诚等价值增强共同体的公共性。

（二）参与性之维

社会治理共同体具有广泛的参与性，强调人人尽责。时至今日，治理的理念已经逐步成为理论界和实务界的共识，契合了公众及其组织参与公共事务的内在需求。全球治理委员会在 1995 年《我们的全球伙伴关系》中指出，治理是各种机构或个人管理其共同事务多方面的总和，调解不同利益主体并相互合作实现目标的持续过程。治理是一个相互协调的过程，不仅涉及公共部门，也包括私人部门，彼此开展持续互

---

① 邵发军：《马克思的共同体思想与国家治理现代化研究》，《社会主义研究》2016 年第 5 期。
② 王亚婷、孔繁斌：《用共同体理论重构社会治理话语体系》，《河南社会科学》2019 年第 3 期。
③ ［美］托马斯·雅诺斯基：《公民与文明社会：自由主义政体、传统政体和社会民主政体下的权利与义务框架》，柯雄译，辽宁教育出版社 2000 年版，第 96 页。
④ ［美］托马斯·雅诺斯基：《公民与文明社会：自由主义政体、传统政体和社会民主政体下的权利与义务框架》，柯雄译，辽宁教育出版社 2000 年版，第 114 页。

动。① 俞可平将治理界定为"官方的或民间的公共管理组织在一个既定的范围内运用公共权威维持秩序，满足公众的需要"②。对于治理概念的理解，我们不仅不能忽视治理的国家逻辑及其元治理功能，而且不能忽视治理主体尤其是公众的参与需求。在亨廷顿看来，无论民主社会还是共产主义社会，人人都具有最低程度的平等权和参与国家事务的责任。③ 故而，社会治理需要不断扩大个体对于共同体公共事务的参与，赋予公众参与社会治理的机会和权能。

在社会治理共同体中，个体因与不同主体互动、参与不同公共活动而具有不同的身份，参与社会活动的身份是市民，参与政府活动的身份是公民，参与政党活动的身份则是党员或群众。为此，社会治理共同体应采取三条路线叠加交错地扩大公众参与。

一是市民路线。④ 它面向的是个体与民间社会的关系问题。民间社会是相对独立于政治国家和自由市场的重要公共领域，其所持有的价值尤其是志愿精神、契约精神、自治精神对于社会治理发挥社会调节作用十分关键，是政府治理的有益补充。因而，社会治理应在法治框架内促进民间组织和公益活动的发展，有序扩大市民参与，激活社会共同体的活力。二是公民路线，它面向的是个体与政府的关系问题。宪法为公民参与国家各项事务提供了充分的政治保障。政府应根据宪法和法律规定，着实扩大公民有序政治参与，通过参与渠道与制度的有效供给，既满足公民政治权利，又训练和提升公民履行义务的能力，培养契合共同体公共性发展需求的积极的参与型公民。三是群众路线，它面向的是个体与党的关系问题。群众路线不但是党的根本工作路线，也是党和国家扩大公民有序政治参与的路线，在当前政治发展过程中具有极其重要的意义。这也是中国较之于西方国家经验较为独特的地方，正如邹谠先生所言，新中国建立的指导思想跟西方国家是不一样的，实际上中国是以

---

① 全球治理委员会：《我们的全球伙伴关系》，牛津大学出版社 1995 年版，第107—108页。

② 俞可平：《治理与善治》，社会科学文献出版社 2000 年版，第24页。

③ ［美］塞缪尔·亨廷顿、［美］琼·纳尔逊：《难以抉择：发展中国家的政治参与》，汪晓寿、吴志华、项继权译，华夏出版社 1989 年版，第48页。

④ 市民路线重在强调个体对于民间社会的参与，但市民权仍与城市政府有诸多关联，故而该路线落在城乡基层社会称为"居民路线"也许更为合适。

"群众"的观念而不是以"公民"的观念为指导思想。① 从经验事实来看，群众路线就是解决的是党的统一领导与群众参与的问题，正确地引导群众、动员群众和发动群众参与政治生活，是党巩固执政基础和实现社会主义民主政治目标的政治保证。

概而言之，社会治理通过"市民路线""公民路线"和"群众路线"有序扩大公众参与，为人人尽责提供了多元而有效的制度供给，而且这三条路线在实践当中是叠加交错推进的，而不是完全切分开来的。在实践中，"三路并进"的参与格局还常常借助法治手段提升参与质量和规范性，借助互联网等信息技术提升参与的能力和便捷性，使社会治理成为一个广泛吸纳公众与社会参与、推进社会民主改革的场域。在这里，在党委领导、政府负责之下，社会治理体系中的民主协商、社会协同、公众参与、法治保障、科技支撑得以有效落实。

（三）共享性之维

社会治理共同体具有高度的共享性，强调人人享有。"共享发展注重的是解决社会公平正义问题。"② 公平正义是社会主义的本质要求和核心理念，"公平正义就是社会的政治利益、经济利益和其他利益在全体社会成员之间合理而平等的分配，它意味着权利的平等、分配的合理、机会的均等和司法的公正"③。作为现代国家的底线，公平正义保证了人民的平等参与和平等发展，兼顾了弱势群体的发展，是执政党巩固执政基础、维护国家稳定与长治久安的核心方略。而共享发展则是实现社会公平正义的有效途径。正如习近平总书记所指出的，"全党必须牢记，为什么人的问题，是检验一个政党、一个政权性质的试金石"④。社会治理的最终目标是为了人民群众，让人民群众有获得感、幸福感、安全感。

---

① 邹谠：《二十世纪中国政治：从宏观历史与微观行动的角度看》，牛津大学出版社1994年版，第7—8页。

② 中共中央文献研究室编：《十八大以来重要文献选编》（中），中央文献出版社2016年版，第827页。

③ 俞可平：《国家底线：公平正义与依法治国》，《学习时报》2014年10月20日。

④ 习近平：《决胜全面建成小康社会 夺取新时代中国特色社会主义伟大胜利——在中国共产党第十九次全国代表大会上的报告》，人民出版社2017年版。

社会治理共同体的共享性直指共同富裕议题。回溯马克思、恩格斯关于社会主义的经典论述，人的共同发展、共同富裕正是彰显社会主义优越性的主要表现之一。马克思在构想新社会时认为："代替那存在着阶级和阶级对立的资产阶级旧社会的，将是这样一个联合体，在那里，每个人的自由发展是一切人的自由发展的条件。"① 共同富裕的思想蕴藏于马克思、恩格斯的社会主义理论体系之中，而中国"共享社会"的发展观正是在汲取上述思想资源的基础上，在社会治理实践中不断得到落实并对中国持续高质量的发展发挥有着重要作用。改革开放以来，中国经济取得了有目共睹的飞速发展，被称之"中国奇迹。"良好的绩效表现不仅提升了人民群众的物质生活水平，并且逐渐转变为中国合法性的主要来源。② 然而，伴随着中国 GDP 总量跃居世界第二，不容忽视的是财富两极分化日益严重。2018 年惟道风险研究院编制的蒙格斯社会公平指数表明，2018 年我国贫富差距指数预期已超过破坏拐点，贫富差距问题不容小觑。③ 区域、城乡、个体间的经济差异将社会切割为不同阶层，深化了社会不同阶层的分化程度，不断挑战社会的公平与正义。治理实践表明，破解上述难题的关键在于"共享"，以"共享"促进社会的公平与正义，让人民更加平等的分享社会发展成果。"只要政府、市场和社会三者在个人利益和公共利益的平衡中秉持公共精神并最大限度地克服自私自利和个人利益，或者说在追求公共利益和恪守公共价值中实现个人利益，构建起社会有机共同体才能真正实现社会治理成果的共享。"④

在打造共建共治共享的社会治理格局中，"共享是共建和共治的必然结果，并为共建共治提供动力支持"⑤，故而，社会治理共同体需要

---

① 中共中央马克思、列宁、斯大林著作编译局编译：《马克思恩格斯选集》（第一卷），人民出版社 1995 年版，第 294 页。

② 杨宏星、赵鼎新：《绩效合法性与中国经济奇迹》，《学海》2013 年第 3 期。

③ 惟道风险研究院：《蒙格斯社会公平指数——公平与贫富差距问题研究》报告，2018 年 9 月 16 日。

④ 周红云：《全民共建共享的社会治理格局：理论基础和概念框架》，《经济社会体制比较》2016 年第 2 期。

⑤ 江必新、王红霞：《论现代社会治理格局——共建共治共享的意蕴、基础与关键》，《法学杂志》2019 年第 2 期。

着重提升共享能力。一方面，政府对资源的再分配是促进社会公平的重要途径，在"造大蛋糕"的同时通过基本公共服务均等化、公共财政改革等手段能有效提升权力公共性以及共享发展的程度①；另一方面，政治参与对促进社会平等有着显著影响，政治参与的扩大意味着民众有更多的机会和途径影响政治权力，从而对政府形成压力，以扩大民众在社会经济利益中的所得。②

总之，贫困村庄治理共同体作为国家建设视域下外部扶贫力量嵌入村庄治理的目标指向，根据社会治理共同体建设的认知框架，其建设离不开国家的视角。只要清晰呈现出外部扶贫力量所代表的国家力量如何嵌入被扶贫村庄，如何在贫困治理中提升村庄治理的公共性、参与性与共享性水平，我们就能清晰揭示出贫困村庄社会治理共同体建设的机制与逻辑，进而为驻村扶贫干部参与贫困及村庄治理提供方向指引。

---

① 项继权：《基本公共服务均等化：政策目标与制度保障》，《华中师范大学学报》（人文社会科学版）2008 年第 1 期。

② ［美］塞缪尔·亨廷顿、［美］琼·纳尔逊：《难以抉择：发展中国家的政治参与》，汪晓寿、吴志华、项继权译，华夏出版社 1989 年版，第 78 页。

第二章　塑造外部扶贫力量：双重动员下的扶贫资源聚集与监管

　　精准扶贫政策是新时代党和政府为推动实现全面建成小康社会的重要举措，注重将管理、服务和资源进一步下落到贫困村、贫困户和贫困人口，强调到村到户提高贫困瞄准度。从政府对于贫困村的认定标准来看，贫困村均是经济贫困、工作基础薄弱的"双薄弱"村，其脱贫内生动力和自我发展能力比较缺乏。G省新时期相对贫困村的认定标准就非常强调经济指标，将农村居民年人均可支配收入低于4000元（2014年不变价）列为相对贫困人口，而将村年人均可支配收入低于8000元（2014年不变价）、相对贫困人口占村户籍人口5%以上的列为相对贫困村。G省调研的17个个案村情况更能反映"双薄弱"情况，譬如大型国有企业LT的G省分公司在2009年至2012年定点帮扶的LK村，村民年人均纯收入1895元，人均年纯收入1500元以下的贫困户66户378人。村级集体收入0.25万元，3公里村道未硬底化、电力设施未进行农网改造、没有覆盖联通通信信号、没有覆盖广播电视信号、没有实现全村通自来水，村"两委"没有办公场所①；G省市属国有企业TT在2016年至2018年定点帮扶的TH村，2015年全村农户年人均纯收入为7558元，村级集体经济收入0元，村庄整体经济社会发展水平较低，是W市16个贫困村之一。② 而Z省的贫困程度在总体上较G省更深，

---

① LK村驻村工作队：《LK村2009—2012年"双到"扶贫开发工作总结》，2012年12月20日。

② TH村驻村工作队：《新时期TH村精准扶贫精准脱贫工作总结》，2016年12月26日。

所调研的 5 个个案村均是深度贫困村，村庄的经济基础、组织基础、基础设施基础等都非常薄弱，共同反映出被扶贫村庄的发展现状。为此，G 省与 Z 省省委省政府在中央统筹指导下，按照省负总责的要求，通过政党动员和技术动员，推动政策资源、干部资源和资金资源等向贫困村下移，为贫困村庄治理和脱贫塑造出强大的外部扶贫力量。[①] 与此同时，还进一步推动国家反腐力量同步嵌入贫困村庄，加大对扶贫力量的监管力度，破解农村扶贫开发领域中的"微腐败"难题，以精准监管保障精准扶贫。为更好地把握国家塑造外部扶贫力量的过程，契合省负总责的原则，保持扶贫制度与政策创新的完整性，本章将主要以 G 省的情况呈现如何塑造外部扶贫力量。

一　精准扶贫中的双重动员

作为党的十九大提出的三大攻坚战之一，精准脱贫直面乡村贫困问题，力图有效调动资源，补齐这个社会建设中的重要短板，助力实现城乡融合发展和乡村振兴战略。从精准扶贫政策制定与执行实践来看，通过政党动员和技术动员塑造出强大的外部扶贫力量是 2020 年现行标准下农村贫困人口全部脱贫、被扶贫村庄得到有效治理的重要前提。

中国乡政村治权力结构的一个基本现实是党的领导权和政府的行政权在基层的架构"一条腿长，一条腿短"，即党的领导直接贯通到村居，在行政村建立了党的基层组织，而政府的行政权则止于乡镇，基层实行村居自治。[②] 据此，外部扶贫力量要有效推动精准扶贫，就需要创新机制让自身嵌入乡政村治的独特权力结构之中，既培育"双薄弱"贫困村庄脱贫和发展的内生动力，又能破解乡镇政府管理与服务下沉不

---

① 需要着重说明的是，构成外部扶贫力量的政策资源、干部资源和资金资源在精准扶贫进程中常常交织在一起，在驻村帮扶实践中，外部扶贫力量嵌入村庄治理权力结构、推进贫困村庄治理变革、构建贫困村庄社会治理共同体等主要都是以驻村扶贫干部为载体发挥作用。驻村扶贫干部能够用好政策资源、资金资源，从而将外部扶贫力量转化为贫困村庄治理的强大主体。

② 蒋红军、陈晓运等：《寻求基层治理中的结构平衡——广东探索基层治理创新》，中山大学出版社 2007 年版，第 59—60 页。

足的"最后一公里"难题。有学者总结了社会革命背景下的中国现代国家构建经验，认为中国共产党不仅采用了科层官僚制、代议民主制等常规化的制度手段，还运用了政治动员的权力技术，强化国家的基础权力和回应民众的政治诉求。① 聚焦到精准扶贫领域，政党动员与技术动员的双重作业在乡政村治权力结构之上成功建立了新的贫困村庄治理体系，为精准脱贫提供了组织和权力保障。在现有研究中，部分研究已经关注到精准扶贫中的技术动员机制及其社会过程、社会影响，但是对于精准扶贫中的政党动员却关注不多，对于政党动员与技术动员的二重性结构也讨论不多，这在实质上涉及政党在国家治理中的功能角色认知问题。

"技术动员是以技术手段达到治理目标的事本主义动员方式"②。精准扶贫中的技术动员在相当程度上反映出国家通过行政改革重建行政国家的努力，技术治理机制与治理技术是其中的重要内容。正如渠敬东等将中国改革开放以来的改革经验总结为从总体支配到技术治理，认为2004 年以后中国形成以行政科层化为核心的技术治理机制，在行政关系上强调考核的过程化与多重化，在财政关系则突出财政支出的专项化与项目化，力图构建一个以公共服务为本的治理体系，推动社会建设。③ 具体到乡村扶贫领域，技术治理的强大动员效能被一些学者所关注，如王雨磊从国家信息能力建设视角探讨数字治理技术对于精准扶贫各个环节的影响，认为国家试图发展一套在地化、系统化和逻辑化的数字指标技术，通过对这些指标的具体动员，完成对整个脱贫目标的整体动员。④ 事实上，精准扶贫中的技术动员主要体现在指标管理、行政问责和项目管理三个方面，它们共同驱动着扶贫资源，尤其是扶贫资金的投入和规范化使用，让乡村社会的精准扶贫进入国家行政运作的技术理性范畴，服务于国家精准扶贫政策目标。"对于政策设计者来说，技术

---

① 李斌：《政治动员与社会革命背景下的现代国家构建——基于中国经验的研究》，《浙江社会科学》2010 年第 4 期。

② 王雨磊：《农村精准扶贫中的技术动员》，《中国行政管理》2017 年第 2 期。

③ 渠敬东、周飞舟、应星：《从总体支配到技术治理——基于中国 30 年改革经验的社会学分析》，《中国社会科学》2009 年第 6 期。

④ 王雨磊：《数字下乡：农村精准扶贫中的技术治理》，《社会学研究》2016 年第 6 期。

治理非常具有治理绩效的想象力，通过治理技术，顶层设计者试图超越基层治理环境中那些具体、特殊甚至琐碎的治理情况，通过整齐划一的技术来规划和推进治理项目。"①

一是指标管理。在精准扶贫中，从中央到地方，各级政府自上而下地构建起内在统一的指标管理体系，借此传达工作目标和工作标准，引导公共权力的注意力分配和资源动员，实现脱贫攻坚政策目标的刚性与理性化表达。在中央层面，2015 年 11 月中共中央、国务院印发《关于打赢脱贫攻坚战的决定》（中发〔2015〕34 号），明确了脱贫攻坚战的总目标，即到 2020 年，稳定实现农村贫困人口不愁吃、不愁穿，农村贫困人口义务教育、基本医疗、住房安全有保障；同时实现贫困地区农民人均可支配收入增长幅度高于全国平均水平、基本公共服务主要领域指标接近全国平均水平。② 2016 年 11 月国务院印发的《"十三五"脱贫攻坚规划》（国发〔2016〕64 号），将上述目标从约束性和预期性两个方面构建了"十三五"时期贫困地区发展和贫困人口脱贫主要指标。其中，到 2020 年，需要实现的约束性指标包括 2015 年建档立卡贫困人口 5630 万人实现脱贫、2015 年 12.8 万个建档立卡贫困村以及 832 个贫困县全部"摘帽"、实施异地扶贫搬迁贫困人口 981 万人、建档立卡贫困户存量危房改造率接近 100%；预期性指标包括贫困地区农民人均可支配收入年均增速高于全国平均水平、贫困地区农村集中供水率不小于 83%、贫困县义务教育巩固率达到 93%、2015 年 838.5 万建档立卡因病致（返）贫户基本解决、建档立卡贫困村村集体经济年收入不少于 5 万元。③ 2018 年 6 月中共中央、国务院出台《关于打赢脱贫攻坚战三年行动的指导意见》（中发〔2018〕16 号），进一步明确贫困地区基本公共服务主要领域的发展指标，如贫困地区具备条件的乡镇和建制村通硬化路，贫困村全部实现通动力电，全面解决贫困人口住房和饮水安全问题，贫困村达到人居环境干净整洁的基本要求，切实解决义务教育学生因贫失学辍学问题，基本养老保险和基本医疗保险、大病保险实现贫困

①　王雨磊：《数字下乡：农村精准扶贫中的技术治理》，《社会学研究》2016 年第 6 期。
②　中共中央、国务院：《关于打赢脱贫攻坚战的决定》（中发〔2015〕34 号），2015 年 11 月 29 日。
③　国务院：《"十三五"脱贫攻坚规划》（国发〔2016〕64 号），2016 年 11 月 23 日。

人口全覆盖，最低生活保障实现应保尽保。①

在地方层面，按照中央统筹、省负总责、市县抓落实的工作机制，中央指标管理的刚性约束进一步传导到地方，各省级政府亦结合自身经济社会发展实际制定了管理指标。2016 年 6 月 G 省省委、省政府印发《关于新时期精准扶贫精准脱贫三年攻坚的实施意见》，要求确保到 2018 年，稳定实现农村贫困人口不愁吃、不愁穿，义务教育、基本医疗和住房安全有保障，基本公共服务主要领域指标相当于全省平均水平，有劳动能力的相对贫困人口人均可支配收入不低于当年全省农村居民人均可支配收入的 45%（7365 元），符合政策的完全或部分丧失劳动能力的相对贫困人口纳入低保，确保全部实现稳定脱贫，相对贫困村人均可支配收入不低于当年全省农村居民人均可支配收入的 60%（9820 元），确保全部出列。把此目标分解后，要求到 2016 年底，50 万相对贫困人口实现脱贫；到 2017 年底，60 万相对贫困人口实现脱贫；到 2018 年底，66.5 万相对贫困人口实现脱贫，全部相对贫困村出列。② 2018 年 10 月 G 省省委办公厅、省政府办公厅印发《关于打赢脱贫攻坚战三年行动方案（2018—2020 年）》，进一步重申了此前的脱贫攻坚管理指标，即现行标准下农村相对贫困人口全部实现稳定脱贫，2277 个相对贫困村全部出列，如期完成脱贫攻坚任务。③ 而在 Z 省，2015 年 10 月省委省政府印发《关于坚决打赢脱贫攻坚战确保同步全面建成小康社会的决定》，明确到 2017 年末，实现农村贫困人口脱贫 300 万以上，按照省定标准 24 个贫困县、375 个贫困乡镇脱贫"摘帽"，5800 个贫困村出列，贫困县农民人均可支配收入达到 8000 元。到 2020 年，稳定实现全省农村贫困人口不愁吃、不愁穿，义务教育、基本医疗和住房有保障；实现贫困地区农民人均可支配收入增长幅度高于全省平

① 中共中央、国务院：《关于打赢脱贫攻坚战三年行动的指导意见》（中发〔2018〕16 号），2018 年 6 月 15 日。

② G 省省委、省政府：《关于新时期精准扶贫精准脱贫三年攻坚的实施意见》，2016 年 6 月 4 日，http://www.maoming.gov.cn/zwgk/zwzl/zdlyxxgkzl/fpgzxxgk/fpzcfg/bszc/content/post_550446.html.

③ G 省省委办公厅、省政府办公厅：《关于打赢脱贫攻坚战三年行动方案（2018—2020 年）》，2018 年 10 月 9 日，http://www.gdyunan.gov.cn/ynxrmzf/zwgk/zdlyxxgkzl/fpgzxxgkzl/fpzcfg/content/post_70745.html.

均水平，基本公共服务主要领域指标达到全省平均水平；确保全省所有农村贫困人口全部脱贫，确保全省所有国家扶贫开发工作重点县全部"摘帽"①。2018 年 6 月 Z 省省委省政府发布《关于深入实施打赢脱贫攻坚战三年行动发起总攻夺取全胜的决定》，根据面临的形势，要求2018 年脱贫 120 万人、实现 18 个贫困县"摘帽"；2019 年脱贫 100 万人、实现 20 个贫困县"摘帽"；2020 年脱贫 60 万人，实现 13 个贫困县"摘帽"，实现以县为单位全面建成小康社会目标。②

二是行政问责。在精准扶贫中，通过构建和强化行政问责体系，塑造出类似淘汰赛的政治剧场，国家能够更大限度地发挥压力型体制功能，将脱贫攻坚的责任压力传导到整个行政体系，实现脱贫攻坚行政监督问责的制度化和常态化。2016 年 10 月中共中央办公厅、国务院办公厅印发《脱贫攻坚责任制实施办法》（厅字〔2016〕33 号），明确构建中央统筹、省负总责、市县抓落实的工作机制，构建责任清晰、各负其责、合力攻坚的责任体系；建立年度扶贫开发工作逐级督查制度，选择重点部门、重点地区进行联合督查，对落实不力的部门和地区，国务院扶贫开发领导小组要向党中央、国务院报告并提出责任追究建议，对未完成年度减贫任务的省份要对党政主要领导进行约谈。③ 2018 年 6 月中共中央、国务院出台《关于打赢脱贫攻坚战三年行动的指导意见》，进一步明确要求各级党委和政府要把打赢脱贫攻坚战作为重大政治任务，增强政治担当、责任担当和行动自觉，层层传导压力，建立落实台账，压实脱贫责任，加大问责力度。

在地方层面，2016 年 6 月 G 省省委、省政府印发的《关于新时期精准扶贫精准脱贫三年攻坚的实施意见》，强调建立各级党委、政府扶贫开发工作逐级督查制度，强化监督问责，重点加强对扶贫项目立项实施、资金拨付、验收监管、绩效评估等环节的监督检查，明确一级对一

① Z 省省委、省政府：《关于坚决打赢脱贫攻坚战确保同步全面建成小康社会的决定》，2015 年 10 月 16 日，http://www.china.com.cn/lianghui/fangtan/2016 - 02/17/content_ 378097 72. htm.

② Z 省省委、省政府：《关于深入实施打赢脱贫攻坚战三年行动发起总攻夺取全胜的决定》，2018 年 6 月 26 日，http://dfp.gog.cn/system/2018/08/28/016769630. shtml.

③ 中共中央办公厅、国务院办公厅：《脱贫攻坚责任制实施办法》（厅字〔2016〕33号），2016 年 10 月 11 日。

级督查，一级对一级问责。① 2017 年 3 月 G 省出台《脱贫攻坚责任制实施细则》，明确构建"省负总责、市县镇负责落实"的纵向层级监督问责网络，推动脱贫攻坚各项政策措施落地生根。② Z 省在精准扶贫进程中也非常注重强化落实脱贫攻坚责任制，坚持完善省负总责、市县抓落实、重在乡村的分工机制，实行"下抓两级""下考两级"工作机制，严格考核问责，建立年度扶贫开发工作督查制度，对贫困县、贫困乡镇实行扶贫工作"一票否决"，构建起清晰有力的责任链任务链体系。

三是项目管理。在精准扶贫中，国家着重强调通过专项化的项目对扶贫资金进行分配和管理，通过县级脱贫攻坚项目库建设，贫困村庄的扶贫活动被纳入政府的科层管理体系之中，从而保障脱贫攻坚政策执行的科学性和可控性。2018 年 3 月国务院扶贫办印发《关于完善县级脱贫攻坚项目库建设的指导意见》（国开办发〔2018〕10 号），明确未进入项目库的项目原则上不得安排使用财政专项扶贫资金，确需支持的项目，要按规定程序入库后再批准实施；鼓励贫困县统筹整合使用财政涉农资金和其他用于脱贫攻坚的各级各类财政资金，从项目库中选择项目。③ 2019 年 5 月国务院扶贫办又下发了《关于进一步做好县级脱贫攻坚项目库建设的通知》（国开办发〔2019〕7 号），明确项目库要与资金安排紧密结合，安排使用纳入贫困县涉农资金整合方案的各类涉农资金以及非贫困县的财政专项扶贫资金、彩票公益金时，一律从项目库中选择项目，安排使用东西扶贫协作、定点扶贫、扶贫贷款及相关行业扶贫等资金时，重点从项目库中选择项目。④ G 省与 Z 省都出台了做好县级脱贫攻坚项目库建设的实施意见，强化扶贫项目管理，保证扶贫资金

---

① G 省省委、省政府：《关于新时期精准扶贫精准脱贫三年攻坚的实施意见》，2016 年 6 月 4 日，http：//www.maoming.gov.cn/zwgk/zwzl/zdlyxxgkzl/fpgzxxgk/fpzcfg/bszc/content/post_ 550446.html.

② G 省省委办公厅：《脱贫攻坚责任制实施细则》，2017 年 3 月 23 日，http：//www. yunfu.gov.cn/4765/zdht/czfpzjgk/content/post_ 382921.html.

③ 国务院扶贫办：《关于完善县级脱贫攻坚项目库建设的指导意见》（国开办发〔2018〕10 号），2018 年 4 月 4 日。

④ 国务院扶贫办：《关于进一步做好县级脱贫攻坚项目库建设的通知》（国开办发〔2019〕7 号），2019 年 5 月 13 日。

使用精准安全高效。

然而，技术动员面临着的一个最大难题就是如何让行政治理技术与贫困村的政策基础进行充分、有效对接，在基层党的领导权和政府的行政权"一条腿长，一条腿短"的权力结构中构建一个行政权与村居自治权有效沟通的机制，其中的重要桥梁和中介就是政党动员之下的第一书记和驻村工作队。换言之，"科层化的技术治理机制所面临着的一个重大难题，是将一个庞大的行政体系置于社会经济生活的具体经验和问题之上，而不是丧失与基层社会的亲和性"①。在强大的政党动员下，来自政府机关、国有企事业单位的驻村扶贫干部在公共部门接受过行政训练，在文化程度、规则认知和资源调动等方面具备承担技术治理任务的行政能力。他们通过担任第一书记或村主任助理等职务，能够在贫困村中承担起沟通行政权和村居自治权的重任，从而提升贫困村的治理能力，推动实现精准脱贫。

政党动员在中国党政体制中属于典型的政治动员形式。"所谓政治动员简单讲就是执政党利用拥有的政治资源动员社会力量实现经济、政治和社会发展目标的运动。"②"在现代政治过程中，政治动员既是政党实现自身政治目标的基本方式，又是政党实现国家治理目标的重要途径。"③ 在精准扶贫实践中，政党动员旨在通过宣传、教育、鼓动与激励等政治活动，激发组织成员和社会大众参与政党推进的政治议程，完成政治任务和政治目标，关注社会行动的价值理性。政党动员与技术治理在扶贫开发实践中有效结合，共同塑造出强大的外部扶贫力量。

党的十八大以来，政党在国家治理中的核心作用日益凸显。习近平总书记在党的十九大报告中强调，"党政军民学，东西南北中，党是领导一切的"④。作为执政党，中国共产党是政治生活与公共治理中的最重要主体。为此，党委领导、政府负责、社会协同、公众参与、法治保

① 渠敬东、周飞舟、应星：《从总体支配到技术治理——基于中国30年改革经验的社会学分析》，《中国社会科学》2009年第6期。

② 林尚立：《当代中国形态研究》，天津人民出版社2000年版，第271页。

③ 高杨、杨宁：《政治动员的治理价值——理解中国特色治理模式的新视角》，《南昌大学学报》（人文社会科学版）2015年第6期。

④ 《党的十九大报告辅导读本》编写组编著：《党的十九大报告辅导读本》，人民出版社2017年版，第20页。

障的社会治理体制首先就强调了党组织的领导作用。然而，大多数乡村治理研究对于政党的功能与作用关注不够，用现有分析框架去认识精准扶贫背景下的贫困村庄治理就会过滤掉很多被折叠的现实。因此，景跃进在反思国家与社会关系范式研究时提出"将政党带进来"，认为"在考察政治体制的复杂关系和运行机制时，政党、政府与社会三分法为我们提供了更多的分析维度，有助于打开被折叠的现实"[①]。贫困治理作为社会治理中的重要领域，在精准扶贫政策以及贫困村庄治理研究中，我们不应忽视政党的价值与功能。事实上，如果没有强大的政党动员，精准扶贫中的技术动员与贫困村自治之间就丧失了有效对接的中介和桥梁。具体而言，精准扶贫中的政党动员主要体现在国家政策议程设置、驻村扶贫干部选派两个方面。

一方面，设置精准扶贫的国家政策议程。党的十八大以来，扶贫开发工作在政党动员之下被摆在治国理政的突出位置。2015 年 10 月 29 日习近平总书记在党的十八届五中全会第二次全体会议上讲话指出，"农村贫困人口脱贫是最突出的短板。虽然全面小康不是人人同样的小康，但如果现有的七千多万农村贫困人口生活水平没有明显提高，全面小康也不能令人信服。所以，《建议》把农村贫困人口脱贫作为全面建成小康社会的基本标志，强调实施精准扶贫、精准脱贫，以更大决心、更精准思路、更有力措施，采取超常举措，实施脱贫攻坚工程，确保我国现行标准下农村贫困人口实现脱贫、贫困县全部"摘帽"、解决区域性整体贫困。[②] 党的十九大报告将精准脱贫作为使全面建成小康社会得到人民认可、经得起历史检验的三大攻坚战之一，并明确要坚决打赢脱贫攻坚战，因为让贫困人口和贫困地区同全国一道进入全面小康社会是我们党的庄严承诺。[③]

另一方面，选派驻村扶贫干部。党管干部原则是我国干部管理制度

---

① 景跃进：《将政党带进来——国家与社会关系范畴的反思与重构》，《探索与争鸣》2019 年第 8 期。

② 中共中央文献研究室编：《十八大以来重要文献选编》（中），中央文献出版社 2016 年版，第 832 页。

③ 习近平：《决胜全面建成小康社会 夺取新时代中国特色社会主义伟大胜利——在中国共产党第十九次全国代表大会上的报告》，人民出版社 2017 年版。

的根本原则，也是我国党政体制的重要组成部分。嵌入贫困村庄的驻村扶贫干部是沟通行政技术治理与基层社会的重要接点和中介纽带，是保障实现精准扶贫目标的重要力量。2015 年 6 月 18 日习近平总书记在部分省市区扶贫攻坚与"十三五"时期经济社会发展座谈会上指出，"选派扶贫工作队是加强基层扶贫工作的有效组织措施，要做到每个贫困村都有驻村工作队、每个贫困户都有帮扶责任人"[①]。2016 年 7 月 20 日习近平总书记在东西部扶贫协作座谈会上进一步指出，"打赢脱贫攻坚战，各级干部特别是基层一线干部十分重要。要保护好干部积极性，对以各种方式到西部地区工作的干部，对驻村帮扶干部、第一书记、农村基层干部包括大学生村干部，要多关心他们，及时帮助他们解决实际困难"[②]。为此，2017 年 12 月中共中央办公厅、国务院办公厅印发《关于加强贫困村驻村工作队选派管理工作的指导意见》（厅字〔2017〕50 号），要求坚持因村选人组队，把熟悉党群工作的干部派到基层组织软弱涣散、战斗力不强的贫困村，把熟悉经济工作的干部派到产业基础薄弱、集体经济脆弱的贫困村，把熟悉社会工作的干部派到矛盾纠纷突出、社会发育滞后的贫困村，充分发挥派出单位和驻村扶贫干部自身优势，帮助贫困村庄解决脱贫攻坚面临的突出困难和问题。[③] 在地方，各级党的组织部门也大力推动驻村扶贫干部的选派和培养，为完成精准扶贫的政党动员提供干部队伍保障。

二　双重动员下的资源聚集

在政党与技术双重动员之下，来自政府、市场与社会的各类扶贫资源汇聚到贫困村，形成强大的外部扶贫力量共同推进新时期的精准扶贫工作。其中，政策资源、驻村扶贫干部资源以及资金资源是外部扶贫力

---

① 中共中央党史和文献研究室编：《习近平扶贫论述摘编》，中央文献出版社 2018 年版，第 37 页。

② 中共中央党史和文献研究室编：《习近平扶贫论述摘编》，中央文献出版社 2018 年版，第 44 页。

③ 中共中央办公厅、国务院办公厅：《关于加强贫困村驻村工作队选派管理工作的指导意见》（厅字〔2017〕50 号），2017 年 12 月 24 日。

量的最重要组成部分，三者交织在一起依靠驻村扶贫干部发挥帮扶作用和治理效能。

第一，政府部门横向协同汇聚政策资源。在中央统筹、省负总责、市县抓落实的工作机制中，各省级政府根据中央精神不仅出台了本省精准扶贫的总体政策，而且推动省级各政府部门出台行业扶贫政策，协同推出本省精准扶贫的政策资源。G省在新时期精准扶贫中就构建了"1＋N"政策措施体系，为扶贫工作提供全方位政策资源保障。2016年6月G省省委、省政府印发了《关于新时期精准扶贫精准脱贫三年攻坚的实施意见》，在此基础上，各省级行业主管部门相继出台行业扶贫政策，包括《G省国土资源厅关于我省国土资源精准扶贫精准脱贫三年攻坚的实施方案》《G省农业厅关于我省林业精准扶贫精准脱贫三年攻坚的实施方案》《G省商务厅关于我省农村电商精准扶贫精准脱贫三年攻坚的实施方案》《G省文化厅关于我省文化精准扶贫精准脱贫三年攻坚的实施方案》《G省海洋与渔业局关于我省推进渔业精准扶贫精准脱贫三年攻坚的实施方案》《G省旅游局厅关于我省旅游行业精准扶贫精准脱贫三年攻坚的实施方案》《G省妇女联合会厅关于我省妇女精准扶贫精准脱贫三年攻坚的实施方案》《G省电网有限责任公司关于我省电网精准扶贫精准脱贫三年攻坚的实施方案》《G省科技厅关于科技精准扶贫精准脱贫三年攻坚的实施方案》《G省环境保护厅关于新时期精准扶贫精准脱贫三年攻坚的实施方案》《G省人民政府金融工作办公室关于金融林业精准扶贫精准脱贫三年攻坚的实施方案》《共青团G省委员会关于培育"领头雁"农村青年人才助力精准扶贫精准脱贫三年攻坚的实施方案》《G省残疾人联合会关于助力残疾人精准扶贫精准脱贫三年攻坚的实施方案》《G省工商业联合会关于"千企帮千村"精准扶贫精准脱贫三年攻坚的实施方案》《G省水利厅关于我省水利精准扶贫精准脱贫三年攻坚的实施方案》等，它们为G省的精准扶贫工作提供了金融、土地、科技、人才等方面的政策资源支持。

Z省作为全国扶贫开发的主战场，2015年围绕着省委省政府《关于坚决打赢脱贫攻坚战确保同步全面建成小康社会的决定》出台了《关于扶持生产和就业推进精准扶贫的实施意见》《关于进一步加大扶贫生态移民力度推进精准扶贫的实施意见》《关于进一步加强农村贫困学生资助推进教育精准扶贫的实施方案》《关于提高农村贫困人口医疗救助保障水平推进精准扶贫的实施方案》《关于全面做好金融服务推进精准扶贫的实施意见》《关于开展社会保障兜底推进精准扶贫的实施意见》《关于进一步动员社会力量对贫困村实行包干扶贫的实施方案》《关于加快少数民族特困地区和人口数量较少民族发展推进精准扶贫的实施意见》《关于充分发挥各级党组织战斗堡垒作用和共产党员先锋模范作用推进精准扶贫的实施意见》等 10 个配套文件驱动省直部门协同汇聚扶贫资源。

第二，组织部门大力建设驻村扶贫干部队伍。在定点扶贫中，驻村扶贫干部是落实国家精准扶贫政策，代表帮扶单位对贫困村户开展精准脱贫帮扶的重要力量。在中央的政策指引下，各省党委的组织部门协同扶贫办高度重视驻村扶贫干部队伍的建设工作，使其成为打赢扶贫攻坚战的重要人才资源。2010 年 10 月 G 省为推进第一轮"规划到户责任到人"扶贫开发工作，省委组织部、省扶贫开发办公室联合印发了《关于进一步做好扶贫开发"规划到户责任到人"驻村干部选派和管理工作的意见》，明确从省直和中直驻 G 省单位、各地级以上市市直机关企事业单位选派 1893 名干部到定点帮扶村驻村，驻村干部是党员的安排挂任村党组织副书记，非党员的安排挂任村委会主任助理，职务任免手续由乡镇（街道）党（工）委按照有关规定办理，党组织关系编入驻点村党组织。[1] 2013 年 G 省开展新一轮扶贫开发"规划到户责任到人"工作，同年 5 月省委组织部、省扶贫开发办公室联合下发《关于做好新一轮扶贫开发"规划到户责任到人"驻村干部选派和管理工作的意见》，强调有帮扶工作任务的省直和中直驻 G 省单位、对口帮扶市、各自行帮扶市都要选派干部到定点帮扶村驻村，原则上每村 1 名，一驻 3 年。[2] 2016 年 G 省开始推动新时期精准扶贫精准脱贫工作，相继出台《关于做好新时期精准扶贫精准脱贫三年攻坚驻村工作队和第一书记选

---

[1] 赵杨等：《G 省选派 1893 名驻村扶贫干部，无基层经历者优先》，2010 年 10 月 23 日，http://news.eastday.com/c/20101023/u1a5508074.html.

[2] G 省省委组织部、省扶贫开发办公室：《关于做好新一轮扶贫开发"规划到户责任到人"驻村干部选派和管理工作的意见》，2013 年 5 月 9 日，http://www.gdfupin.org.cn/new31.asp? id = 57.

派管理工作的意见》《关于新时期精准扶贫精准脱贫三年攻坚的实施意见》，与前两轮"规划到户责任到人"扶贫开发工作不同，G 省新时期精准扶贫精准脱贫工作进一步提升了驻村扶贫干部在贫困村党组织中的任职级别，多数驻村扶贫干部兼任贫困村第一书记，即对省直单位和中直驻 G 省单位帮扶的贫困村，由省直单位和中直驻 G 省单位选派 1 名优秀干部担任驻村工作队队长，兼任帮扶村第一书记；对珠三角地区地级以上市对口帮扶的贫困村，由对口帮扶市从市县机关企事业单位选派 1 名优秀干部担任驻村工作队队长，贫困村所在市从市县机关事业单位选派 1 名优秀干部担任帮扶村第一书记；对各市自行帮扶的贫困村，一般从市县机关企事业单位选派 1 名优秀干部担任驻村工作队队长，兼任帮扶村第一书记。[①] 为完成新时期精准扶贫精准脱贫三年攻坚任务，G 省各级党政机关企事业单位（含中直驻 G 省单位）派出驻镇（街道）工作组 1112 个、驻村工作队 1.2 万个，驻镇驻村工作队员 4.3 万人，其中向省定 2277 条相对贫困村派出驻村扶贫干部（含第一书记）6620名[②]，汇聚成力量强大的扶贫干部资源，成为管理、服务与资源下沉贫困村的最重要载体。

Z 省在 2015 年建立了省、市（州）、县三级包干扶贫贫困村责任制，省级党政机关、事业单位、人民团体、大中专院校包干 2 个贫困村，市、县级同类单位包干 1 个贫困村，积极开展企业包干扶贫贫困村活动，推进中直单位、对口帮扶城市、各民主党派及驻 Z 省部队参与包干扶贫贫困村，凝聚全社会力量广泛参与构建大扶贫格局。[③] 而支撑包干责任制运作的重要机制性力量便是以同步小康驻村工作组为主体的外部扶贫力量。根据 2012 年 Z 省印发的《关于"部门帮县、处长联

---

① G 省省委组织部、省扶贫开发办公室：《关于做好新时期精准扶贫精准脱贫三年攻坚驻村工作队和第一书记选派管理工作的意见》，2016 年 3 月 29 日，http：//www.gdfp.gov.cn/zcfg/sfpb/201609/t20160926_ 795645.htm；中共 G 省省委、省人民政府：《关于新时期精准扶贫精准脱贫三年攻坚的实施意见》，2016 年 6 月 4 日，http：//www.maoming.gov.cn/zwgk/zw-zl/zdlyxxgkzl/fpgzxxgk/fpzcfg/bszc/content/post_ 550446.html.

② 邓海光：《在全省驻村扶贫工作电视电话会议上的讲话》，2017 年 4 月 27 日。

③ 《Z 省关于进一步动员社会力量对贫困村实行包干扶贫的实施方案》，2015 年 10 月 18日，http：//www.guanling.gov.cn/xzjdbsc/gwz_ 5743104/zcwj_ 5743055/202009/t20200914_ 63127030.html.

乡、干部驻村"工作管理暂行规定》《同步小康驻村工作小组和驻村干部管理暂行规定》，Z省以县为单位组建了驻村工作队，以乡镇为单位组建了驻村工作组，以村为单位组建了驻村工作小组。其中，县级驻村工作队队长由省直部门单位挂帮联系县（市、区）工作组组长（省直部门单位厅级干部）兼任，驻村工作组长由联乡的县（处）级干部担任，驻村工作小组组长由驻村干部担任。2014年，按照一村五人的安排（每个驻村工作小组由3名干部和1名大学毕业生、1名农村知识青年组成）和"一人驻村，单位全员帮扶"的原则，Z省共从省、市、县、乡四级选派驻村队员55864人（其中省派驻791人，市州派驻1456人，县、乡派驻53617人），组建11590个驻村工作组，赴全省11590个村（含9000个贫困村）开展为期一年的帮扶工作，首次实现了驻村工作队对贫困村、贫困人口的两个全覆盖，为精准扶贫建好了"管道"①。

第三，多渠道筹集扶贫资金资源。按照G省《农村扶贫开发条例》的规定，农村扶贫开发资金主要包括财政专项扶贫资金，国家机关、事业单位、国有企业、社会组织定点扶贫资金，金融机构扶贫开发专项贷款，公民、法人或者其他组织捐赠的扶贫资金以及其他用于农村扶贫开发的资金。② 为打赢脱贫攻坚战，政府都高度重视多渠道筹集精准扶贫资金，以此加大产业扶贫、就业扶贫、异地搬迁扶贫、生态扶贫、教育脱贫、金融扶贫等精准扶贫方略的实施力度，强化精准脱贫攻坚行动的支撑保障。2015年11月27日习近平总书记在中央扶贫开发工作会议上强调，"扶贫开发投入力度，要同打赢脱贫攻坚战的要求相匹配。现在，有的地方党委和政府、有的行业部门还是按原来的套路和习惯，对采取非常规措施缺乏突破，这样下去肯定完不成任务。当前，经济下行压力较大，财政增收不乐观，但扶贫资金不但不能减，中央和省级财政还要明显增加投入。这一点要统一思想。'十三五'期间宁肯少上一些大项目，也要确保扶贫投入明显增加。中央财政专项扶贫资金、中央基

---

① 国务院扶贫办：《2014年Z省同步小康干部驻村帮扶工作情况》，2015年1月20日，http：//cn. chinagate. cn/news/2015 –01/20/content_ 34609149_ 3. htm.

② 《G省农村扶贫开发条例》，2011年11月30日G省第十一届人民代表大会常务委员会第三十次会议通过，http：//www. cpad. gov. cn/art/2015/11/23/art_ 46_ 41446. html.

建投资用于扶贫的资金等，增长幅度要体现加大脱贫攻坚力度的要求。中央财政一般性转移支付、各类涉及民生的专项转移支付，要进一步向贫困地区倾斜。省级财政、对口帮扶的东部地区也要按照这个原则，相应增加扶贫资金投入。"① 十八大以来，通过不断加大脱贫攻坚财政资金支持力度、不断加大扶贫资金整合力度、不断提升社会资金参与力度、不断强化扶贫资金管理力度，精准扶贫精准脱贫资金资源的效能得到明显提升，为深度贫困地区脱贫攻坚和到村到户到人精准帮扶提供了投入保障。

在中央层面，2015 年 11 月中共中央、国务院印发《关于打赢脱贫攻坚战的决定》，要求发挥政府投入在扶贫开发中的主体和主导作用，积极开辟扶贫开发新的资金渠道，确保政府扶贫投入力度与脱贫攻坚任务相适应；各部门安排的各项惠民政策、项目和工程，要最大限度地向贫困地区、贫困村、贫困人口倾斜；从 2016 年起通过扩大中央和地方财政支出规模，增加对贫困地区水电路气网等基础设施建设和提高基本公共服务水平的投入。② 2018 年 6 月中共中央、国务院出台的《关于打赢脱贫攻坚战三年行动的指导意见》，进一步强调增加政府扶贫投入与提高资金使用效益并重，健全与脱贫攻坚任务相适应的投入保障机制，加大财政专项扶贫资金和教育、医疗保障等转移支付支持力度。③

在地方，G 省在新时期精准扶贫精准脱贫工作中的财政专项扶贫资金相比之前的两轮"规划到户责任到人"扶贫投入更大，政府投入在扶贫开发中的主体和主导作用也更明显，有效克服了之前各扶贫帮扶单位财力和资源不均制约总体扶贫效果的问题。2016 年 6 月 G 省省委、省政府印发的《关于新时期精准扶贫精准脱贫三年攻坚的实施意见》，提出构建新时期扶贫攻坚财政保障机制，各级财政对扶贫开发帮扶对象按人均 2 万元安排财政扶贫投入，所需资金由省、对口帮扶市、贫困人

---

① 中共中央党史和文献研究室编：《习近平扶贫论述摘编》，中央文献出版社 2018 年版，第 90 页。

② 中共中央、国务院：《关于打赢脱贫攻坚战的决定》（中发〔2015〕34 号），2015 年 11 月 29 日。

③ 中共中央、国务院：《关于打赢脱贫攻坚战三年行动的指导意见》（中发〔2018〕16 号），2018 年 6 月 15 日。

口属地市按 6∶3∶1 的比例共同分担，资金用于直接促进扶贫开发帮扶对象增收。① 2016 年 9 月 G 省财政厅出台《关于我省财政支持新时期精准扶贫精准脱贫三年攻坚的资金筹措方案》，除了对有劳动能力的扶贫开发帮扶对象按 2 万元/人测算财政扶贫投入外，还安排了其他专项保障资金，用于贫困户危破房改造以及无劳动能力低保人员教育、基本医疗保障资金。贫困户危破房改造资金，在原各级财政补助 2 万元/户的基础上，提高对五保户和相对贫困户危破房改造的补助标准，其中五保户按 3.4 万元/户给予补助（省级财政补助 2.4 万元，市县财政补助 1 万元）、相对贫困户按 4 万元/户给予补助（省级财政补助 3 万元，市县财政补助 1 万元）。② Z 省也大力强化资金保障，全力支持全省决战脱贫攻坚，仅 2016 年至 2018 年，财政专项扶贫资金达 381.53 亿元，年均增幅达到 20.54%。③

在财政资金投入发挥主体和主导作用的同时，其他类型扶贫资金在双重动员下的筹集力度也非常巨大，这从所调研贫困村的扶贫投入情况可以窥见。如在 G 省，GL 村的三年帮扶累计投入帮扶资金 871.4 万元，包括帮扶单位所在市财政拨款 150 万元，帮扶单位自筹资金 287.3 万元，争取当地政府部门的配套专项资金和社会集资 434.1 万元。④ CS 村的三年帮扶累计投入帮扶资金 892.24 万元，其中投入村 845.95 万元，投入户 46.29 万元。⑤ HQ 村的三年帮扶累计投入帮扶资金 490.1804 万元，其中帮扶单位自筹资金 159.8073 万元，各级财政资金 301.5746 万元，社会及其他资金 28.7985 万元。⑥ LK 村的三年帮扶累计投入帮扶

---

① 中共 G 省省委、省人民政府：《关于新时期精准扶贫精准脱贫三年攻坚的实施意见》，2016 年 6 月 4 日，http：//www. maoming. gov. cn/zwgk/zwzl/zdlyxxgkzl/fpgzxxgk/fpzcfg/bszc/content/post_ 550446. html.

② G 省财政厅：《关于我省财政支持新时期精准扶贫精准脱贫三年攻坚的资金筹措方案》，2016 年 9 月 7 日，http：//www. yunfu. gov. cn/4765/zdht/czfpzjgk/content/post_ 382823. html.

③ 程曦等：《Z 省：三年累计投入财政专项扶贫资金 381.53 亿元，全力助推脱贫攻坚》，2019 年 4 月 25 日，http：//www. gog. cn/zonghe/system/2019/04/25/017214797. shtml.

④ GL 村驻村工作队：《GL 村扶贫开发"规划到户责任到人"工作总结》，2015 年 12 月 20 日。

⑤ 黎劲风、陈成宇：《吴川浅水镇双塘村人均纯收入超万元同比增150%》，2015 年 7 月 10 日，http：//news. gdzjdaily. com. cn/zjxw/content/2015 – 07/10/content_ 2031218. shtml.

⑥ HQ 村驻村工作队：《HQ 村扶贫工作总结（2013—2015）》，2015 年 11 月 25 日。

资金 825.53 万元，其中公司自筹资金累计 568.41 万元。① SH 村的三年帮扶累计投入帮扶资金 1047 万元。② DD 村的三年帮扶累计投入帮扶资金约 1081.5818 万元，其中含政府引导资金 100 万元、定向补助扶贫资金 20 万元、省红十字会资金 50 万元、村民自筹及社会捐献资金约 282 万元以及行业资金约 250 万元。③ HK 村的三年帮扶累计投入帮扶资金约 903.3317 万元，其中省财政精准扶贫专项资金 608.7064 万元，自筹资金 162.2253 万元，支教、义诊、项目调研等方式折算投入资金约 132.4 万元。④ AN 村的三年帮扶累计投入帮扶资金 1006.92 万元，其中帮扶单位自筹 367.6 万元，财政专项扶持资金 133.98 万元，行业扶贫资金 466.5 万元，金融信贷扶持资金 30 万元，社会扶贫资金 8.84 万元，三年累计投入到村资金 862.92 万元，投入到户资金 139.32 万元。⑤ ZS 村的三年帮扶累计投入帮扶资金 984.61 万元，其中省市县各级精准扶贫财政专项资金 312.61 万元，帮扶单位自筹 672 万元。⑥

综合而言，如表 2—1 所示，为推动定点帮扶贫困村和贫困户精准脱贫，G 省通过多种渠道筹集扶贫资金，在三年一轮的定点帮扶中，平均每个贫困村能获得各类精准扶贫资金 900.3104 万元，为全面建成小康社会奠定了坚实基础。Z 省虽然经济实力弱、人均收入低，但每个贫困村的扶贫资金投入依然巨大，以 Z 省的省级一类贫困村 JXC 村为例，在 2016 年至 2018 年驻村帮扶中，JXC 村共获得 915 万元的项目资金投入，其中包括 85 万元水利项目、270 万元土地整治项目、老区和当地经济开发区资金 60 万元、"一事一议"工程资金 500 多万元。⑦

---

① LK 村驻村工作队：《LK 村扶贫开发工作总结》，2016 年 12 月 20 日。
② SH 村驻村工作队：《2013－2015 年 SH 村定点帮扶工作总结》，2015 年 11 月 14 日。
③ DD 村驻村工作队：《DD 村三年扶贫工作总结》，2017 年 1 月 10 日。
④ HK 村驻村工作队：《HK 村扶贫开发工作自评报告》，2019 年 1 月 16 日。
⑤ AN 村驻村工作队：《AN 村扶贫开发"规划到户责任到人"三年工作情况的报告》，2012 年 12 月 26 日。
⑥ ZS 村驻村工作队：《ZS 村定点帮扶工作自评报告》，2019 年 1 月 22 日。
⑦ JXC 村第一书记 CG：《3 年驻村路，3000 群众情》，2018 年 12 月 30 日；JXC 村驻村工作队：《JXC 村 2018 年度驻村工作总结》，2018 年 12 月 30 日。

表 2—1　　　　　G 省部分定点帮扶案例村扶贫资金投入情况一览

贫困村名	帮扶单位性质	每轮帮扶总投入（万）	每轮每村平均扶贫投入（万）
GL	市属高校	871.4	
CS	市值机关	892.24	
HQ	部属高校	490.1804	
LK	大型央企	825.53	
SH	省直机关	1047	900.3104
DD	省属事业单位	1081.5818	
HK	部属高校	903.3317	
AN	省直机关	1006.92	
ZS	省直机关	984.61	

三　外部扶贫力量的精准监管

　　政策、干部与资金资源的汇集形成了强大的外部扶贫力量，并以驻村扶贫干部为载体开展精准扶贫。在嵌入贫困村开展精准扶贫工作过程中，如何确保中央和省市的精准扶贫政策落实到位，如何监督驻村扶贫干部的行为，如何破解驻村扶贫干部与村干部的共谋行为，如何遏制"微腐败"保障扶贫资金安全，这些问题的有效解决是用好用活外部扶贫力量的重要前提。近年来，随着国家对农村扶贫事业的资源投入快速增加，扶贫开发领域中的腐败问题特别是"微腐败"问题越发暴露出来，严重影响着国家扶贫开发工作进程，亟须加强监管和治理。因此，以扶贫开发领域中的"微腐败"监管为重点，对外部扶贫力量涉及的各个环节展开精准监管，既是塑造外部扶贫力量的必然要求，又为推动实现 2020 年所有贫困人口迈入小康提供坚实保障。

　　通过近十年的精准扶贫努力，G 省创造了"领导重视程度最高、扶持政策最实、资金投入最多、社会参与最广"的大扶贫经验，受到中央的高度肯定。然而，不断出现的扶贫"微腐败"现象极大地影响了精准扶贫绩效，促使 G 省透过监督模式创新、制度创新、网络和平台建设等措施加大扶贫"微腐败"治理，精准监管外部扶贫力量。

首先，推行"隔级包片包案督导模式"。该模式强调"隔级包片"与"隔级包案"相结合，以制度化方式层层传导压力，将责任落实到基层，对扶贫"微腐败"形成强大震慑。其中，"隔级包片"是指"省包县、市包镇、县包村"工作机制，即省纪委省监察厅领导、省委各巡视组组长和省纪委相关部门主要负责人分别负责包片督导1个县的农村基层干部违纪违法线索集中排查，市纪委监察局领导和相关室主要负责人分别包片督导1个乡镇，各县纪委监察局领导分别包片督导1个村。"隔级包案"则要求各包片领导在对包片地区进行整体督导的同时，还应紧盯重点村和重点问题，在包片区域内确定2条重大线索进行重点督办。①

其次，创新"扶贫开发廉政监督员制度"。G省人民检察院与省扶贫开发办公室在2016年3月联合出台《G省检察机关、扶贫部门集中整治和加强预防扶贫领域职务犯罪专项工作实施方案》，提出建立检察机关与扶贫部门的有效对接机制，依托乡镇检察室，在贫困乡镇、村组普遍建立检察联络室或服务站，聘请驻村工作队成员或第一书记担任检察联络员或志愿者，形成惩治和预防扶贫领域职务犯罪的合力。② 同年8月，Q市开展扶贫开发廉政监督员制度试点，共聘请267名来自镇街检察室的检察干警和省、市派驻Q市镇村的驻村第一书记为扶贫开发廉政监督员，在扶贫开发领域履行反腐倡廉、批评监督等五大职责。③

再次，构建扶贫"微腐败"治理网络。一是构建纵向层级监督问责网络。根据建立脱贫攻坚责任体系的中央文件精神，2017年3月G省出台《脱贫攻坚责任制实施细则》，明确构建"省负总责、市县镇负责落实"的纵向层级监督问责网络。二是搭建部门横向合作反腐网络。一方面，按照省纪委《关于加强扶贫领域监督执纪问责工作的意见》，G省建立省纪委、省监察厅牵头，省委农办、省扶贫办、省检察院、省

---

① 汤南：《省纪委下发"领导包片包案"工作要求》，《广州日报》2015年9月3日。
② G省人民检察院、G省扶贫开发办公室：《G省检察机关、扶贫部门集中整治和加强预防扶贫领域职务犯罪专项工作实施方案》，2016年3月23日，http：//www.gdfp.gov.cn/zcfg/szbm/201612/t20161214_810488.htm.
③ 张俊、王明全：《"扶贫开发廉政监督员"制度》，2016年8月17日，https：//www.sohu.com/a/110830291_161794.

公安厅、省审计厅、省信访局等单位参加的协作工作机制，各成员单位据此密切协作，共享问题线索、信息与成果，提升对扶贫领域违纪违法行为的快速反应能力①；另一方面，反腐机构与扶贫部门强化合作，共同推动扶贫腐败治理。如通过建立扶贫开发廉政监督员制度、实行检察官联系重点扶贫项目制度、健全线索快速移送和案件查办协作配合机制等，省检察院系统与扶贫部门建立了有效对接机制，合力治理扶贫"微腐败"②。三是建设扶贫反腐社会支持网络。2017 年 G 省扶贫办设立全省扶贫信访举报电话12317 及电子邮箱，统一受理贫困群众信访举报线索，并通过大数据技术保障村民的知情权和参与权，带动扶贫反腐社会支持网络建设。③

最后，建设扶贫大数据平台。G 省以"建档立卡"的扶贫数据为基础，建立了高效的扶贫信息系统。在此基础上，积极推进多网对接，实现信息共享。在纵向层面，省内各层级扶贫信息子网有效对接，数据直通省、市、县、镇，形成以省级为单位的完整扶贫信息平台；在横向层面，扶贫信息平台与民政等其他信息平台对接，按照相关管理规范不断推进无壁垒的信息共享。

事实上，G 省扶贫"微腐败"治理实践深刻反映出政府对扶贫资源开展精准监管的机制性努力。具体而言，扶贫"微腐败"是多种因素交织而成的产物，其中"微腐败"的监管力量不足以及"微腐败"主体擅于利用信息不对称便利是催生其发生的两个不可忽视的诱因。正如胡鞍钢曾指出，腐败的根源在于两个不对称性，即权力不对称性和信息不对称性。④ 据此，G 省扶贫"微腐败"治理力图通过"监管下沉"和"健全网络"机制来增强"微腐败"的监督力量，通过"信息共享"机制来解决扶贫主体间的信息不对称困境，如表2—2 所示。

---

① 参见《G 省重拳整治扶贫领域违纪违法行为》，2016 年 11 月 29 日，http：//news. cnr. cn/native/city/20161129/t20161129_ 523295293. shtml。

② G 省人民检察院、G 省扶贫开发办公室：《G 省检察机关、扶贫部门集中整治和加强预防扶贫领域职务犯罪专项工作实施方案》，2016 年 3 月 23 日，http：//www. gdfp. gov. cn/zcfg/szbm/201612/t20161214_ 810488. htm。

③ 詹奕嘉：《精准监管紧盯扶贫"最后一公里"》，《经济参考报》2017 年 2 月 6 日。

④ 胡鞍钢：《反腐败必须构建中国特色国家廉政体系》，《检察日报》2007 年 5 月 29 日。

表 2—2   扶贫"微腐败"治理三大机制

治理机制	着力点	主要功能	目的
监管下沉	国家反腐力量嵌入贫困村的制度化	形成"微腐败"监管的主体力量	克服权力不对称
健全网络	立体化网络支撑"微腐败"治理	支撑国家反腐力量发挥监督作用	
信息共享	大数据平台化解信息不对称	信息公开、信息共享与信息赋权	解决信息不对称

其一，监管下沉：国家反腐力量嵌入贫困村的制度化。随着精准扶贫的深入推进，国家反腐力量下沉到扶贫村庄是精准监管的内在要求。在绝大多数"双薄弱"贫困村，村党组织地位和力量弱化，村委会民主治理能力较低，村民对公共事务的参与不足，导致贫困村村民自治失灵，相关民主监督机制面对扶贫"微腐败"难以发挥作用。在此背景下，通过监管下沉，纪委监察、检察院等国家反腐力量将自上而下地嵌入贫困村，在乡村场域中逐步拓展反腐工作视野，集中整治和加强预防扶贫领域职务犯罪。

自精准扶贫实施以来，各地反腐机构不仅向对口帮扶贫困村派驻第一书记，帮助贫困村精准脱贫，而且在对口帮扶过程中还积极发挥反腐专业特长，认真履行反腐倡廉监督者角色。然而，这些监管下沉方式的制度化水平和覆盖面依然比较低，难以对扶贫"微腐败"形成持续的监督压力。为此，围绕着国家反腐力量如何制度化下沉到贫困村，G 省创新具有示范意义的"隔级包片包案督导模式"和"扶贫开发廉政监督员制度"，为国家反腐力量监管下沉提供了可供借鉴的制度化经验。其中，"隔级包片包案督导模式"是 G 省纪检监察力量下沉、嵌入贫困镇村的制度化实践，"扶贫开发廉政监督员制度"则是 G 省检察力量下沉、嵌入贫困村的制度化探索。通过国家反腐力量嵌入贫困村的制度化，其成为扶贫"微腐败"治理的主体力量，对扶贫"微腐败"的监督大大增强，为精准监管创造了必要条件。

其二，健全网络：立体化网络支撑扶贫"微腐败"治理。立体化治理网络有助于克服传统监管体制的弊端，增强扶贫反腐败的主动性和精准性。一方面，扶贫开发的资源聚集渠道广泛、规模庞大、分配流程繁多、管理分割性较大，对其监管较为困难，容易形成监管真空。健全扶贫"微腐败"治理网络有利于构建无盲区、全流程的监管格局；另一方面，传统监管体制中不同层级部门之间因信息沟通不畅易各自为战，纪检监察机关的监督又存在一定的滞后性，所形成的"头痛医头、脚痛医脚"式监管，不符合扶贫开发的主动监督和精准监管要求。

G省构建扶贫"微腐败"治理网络的经验表明，反腐系统内的纵向层级监督问责网络、部门横向合作反腐网络以及系统外的扶贫反腐社会支持网络三者相互联动，共同为国家反腐力量在扶贫领域发挥作用提供了支撑，推动形成扶贫反腐合力。具体来说，纵向层级监督问责网络将脱贫攻坚的责任压力尤其是反腐败压力自上而下地传导到基层贫困镇村，带动国家反腐力量将注意力向扶贫"微腐败"领域转移，为扶贫反腐败奠定了坚实的组织权力基础；部门横向合作反腐网络为部门间合作提供契机，有力推动了治理扶贫"微腐败"的信息、资源整合进程；扶贫反腐社会支持网络则是国家反腐力量下沉发挥作用的重要社会基础，能够为扶贫反腐提供案件线索和舆论支持。在强化监督问责时，国家应高度重视建设扶贫反腐社会支持网络，采取措施提升和巩固村民自治内部监督机制，拓展村民特别是充分挖掘以村庄老党员、教师、企业家、返乡创业者等为代表的新乡绅阶层参与扶贫监督的渠道，调动媒体及社会组织等其他社会力量合力扶贫攻坚。①

其三，信息共享：大数据平台化解信息不对称。近年来，构建无壁垒的扶贫大数据平台成为各地探索精准监管的重要选择。借助互联网和大数据技术建设扶贫大数据平台，有利于推动扶贫信息共享，打破不同系统或部门间的权力壁垒，化解信息不对称，进一步压缩乡村干部在扶贫领域中的权力寻租空间，助力农村扶贫开发工作中的精准识别、精细管理、动态监管和实时预警。

G省扶贫大数据平台通过信息共享机制为精准监管"微腐败"提供了新动能。一方面，由于扶贫大数据平台着眼于破除权力壁垒，克服多头管理造成的信息不对称困境，其应用极大地促进了信息公开和信息

---

① 参见《扶贫反腐可多借群众慧眼》，《南方农村报》2016年8月25日第2版。

共享的程度，为反腐机关在扶贫各个环节的高效监控和预警创造了有利条件，降低了扶贫"微腐败"发生概率。另一方面，通过信息赋权，扶贫大数据平台能够有效改善弱势村民与强势村干部之间的信息不对称状况，让贫困村村民特别是贫困户能够方便快捷地获取扶贫政策、帮扶信息和自身权益。当发现自身权益受损时，他们可以通过信息平台在线举报，为反腐机构查处扶贫"微腐败"提供线索。

第三章　结构嵌入：外部扶贫力量嵌入村庄治理权力结构

对于被扶贫村庄而言，外部扶贫力量的主要载体驻村扶贫干部是出自官僚制系统但又不同于直接管理乡村的乡镇政权的特殊国家力量。在精准扶贫进程中，驻村扶贫干部所承载的外部扶贫力量能否有效嵌入以贫困村为中心的地方社会权力结构，关系到其整合资源和调动各方主体参与脱贫攻坚以及推进贫困村治理的成败。波兰尼最早提出、格兰诺维特进一步发展的"嵌入"（embeddedness）概念，用以强调经济行为嵌入社会结构、社会关系影响经济行为的过程。我们借鉴嵌入概念，力图揭示精准扶贫中外部扶贫力量与贫困村庄治理的关联性，强调外部扶贫力量转化为独特治理主体进而影响村庄治理的过程。外部扶贫力量在此过程中发挥嵌入性理性，通过对接县—乡—村权力结构、融入贫困村内部治理结构两个层面实现精准扶贫中的结构嵌入，为外部扶贫力量与村庄主体间的互动治理奠定坚实基础。

一　对接县—乡—村权力结构

根据中央的精准扶贫政策，脱贫攻坚实行中央统筹、省负总责、市县抓落实的工作机制。外部扶贫力量在精准扶贫中首先需要对接县—乡—村权力结构，从而嵌入脱贫攻坚工作机制，获得开展扶贫工作的合法性。从外部扶贫力量来看，这种嵌入体现在管理嵌入、业务嵌入两个方面。

就管理嵌入而言，以驻村扶贫干部为核心的外部扶贫力量归属县级党委和政府管理。中央关于驻村工作队选派的规定明确，县级党委和政府统筹整合各方面驻村工作力量，根据派出单位帮扶资源和驻村扶贫干部综合能力科学组建驻村工作队，实现建档立卡贫困村一村一队。[①] 不过，不同省域的管理嵌入方式仍略有不同。G 省实施的是共同管理政策，即驻村工作队成员和第一书记由派驻地县（市、区）组织、扶贫部门，乡镇（街道）党（工）委和派出单位共同管理。[②] Z 省则依靠党组织，着重强化属地县乡管理。按照全省同步小康驻村工作总体部署，Z 省建立了省、市、县、乡、村五级联动扶贫工作机制，把派驻同步小康驻村工作组与部门帮乡、处长联乡工作有机衔接，实现向贫困村派驻同步小康工作组全覆盖。[③] 同步小康驻村工作组的驻村干部主要从县（市、区、特区）乡（镇）的机关、人民团体、事业单位人员中抽调，省、市（州）直机关和企事业单位抽调适量干部，省人力资源社会保障厅负责选派一万名大学毕业生，各县（市、区、特区）负责选派部分优秀农村知识青年参加。县（市、区、特区）党建工作领导小组具体负责同步小康驻村工作组驻村干部的日常管理工作，在具体管理活动中，坚持帮县、联乡、驻村工作组织管理架构不变，以县为单位建立同步小康驻村工作队和临时党总支，以乡（镇）为单位成立同步小康驻村工作分队和临时党支部，下辖若干同步小康驻村工作组和党小组。不管何种管理嵌入方式，外部扶贫力量在管理体制上有效对接了派驻地县—乡—村权力结构。

从业务嵌入来说，政府公共财政投入是脱贫攻坚的主要资源供给来源，并经县级脱贫攻坚项目库机制进行运行和监管，为此，驻村扶贫干部在精准扶贫过程中需要与县级业务主管部门进行有效对接、与乡镇政府发展及脱贫规划进行有效融合，才能获得更多的扶贫资源，用足用好

---

① 中共中央办公厅、国务院办公厅：《关于加强贫困村驻村工作队选派管理工作的指导意见》（厅字〔2017〕50 号），2017 年 12 月 24 日。

② 中共 G 省组织部、省扶贫开发办公室：《关于做好新时期精准扶贫精准脱贫三年攻坚驻村工作队和第一书记选派管理工作的意见》，2016 年 3 月 29 日，http://www.gdfp.gov.cn/zcfg/sfpb/201609/t20160926_795645.htm.

③ Z 省省委办公厅、省政府办公厅：《关于进一步动员社会各方面力量参与扶贫开发的意见》，2015 年 5 月 4 日，http://www.guizhou.gov.cn/ztzl/jyta/blfw/srddbjy/2016j_3483/201607/t20160727_426385.html.

精准扶贫政策。在此背景下，无论是正式还是非正式层面，驻村扶贫干部都积极对接派驻地县—乡—村权力结构，搭建贫困村庄的政策与资源网络，以期获得县乡层面的各种支持。TH 村的第一书记在访谈中就提到他们前往县业务主管部门的艰辛，DX 村的第一书记谈到多向县镇领导汇报工作对于解决贫困村矛盾的好处。

> 我和第一书记来到这个村扶贫，为了获得政府更大的投入，我们两个都积极去县职能部门争取资源、反映情况，不仅去了交通局、水利局，还去了农业农村局，为了完成精准扶贫的任务，再辛苦我们也得多跑，这样才能让他们重视我们这个村啊。①

> DX 村班子内部矛盾由来已久，县、镇有关部门及领导也曾做过大量工作，取得县、镇有关部门及领导的支持和指导是极为必要的。我们曾两次去县委组织部了解有关情况，并请示工作；多次主动找镇有关部门和领导请示和沟通工作，必要时请镇里领导亲自做指导和协调，有力地推动了帮扶工作的开展。②

二　融入贫困村内部治理结构

外部扶贫力量进入贫困村开展脱贫攻坚，不仅要有效对接县—乡—村权力结构，而且需要融入贫困村内部治理结构，才能将自己的"外来者"形象转变为"自己人"形象，从而赢得村庄治理主体的信任与认同，协同推进精准扶贫工作。贫困村庄是一个村民自治的场域，以民主选举、民主决策、民主协商、民主管理、民主监督作为公共事务的主要运行规则。从个案村调研来看，根据政府的精准扶贫政策，驻村扶贫干部在此场域中融入内部治理结构带有较大的个性化特点，这也决定了驻村扶贫干部与村庄间的互动治理的成败。

G 省在选派驻村干部的过程中明确了其驻村职务，规定驻村干部是

---

① 对 TH 村驻村扶贫干部的访谈，访谈编号 20170410TH。
② 对 DX 村第一书记的访谈，访谈编号 20161226DX。

党员的安排挂任村党组织副书记，不是党员的安排挂任村委会主任助理，职务任免手续由乡镇（街道）党（工）委按照有关规定办理。驻村干部的党组织关系编入驻点村党组织，参加驻点村党组织生活。① Z省也明确规定，驻村干部，在村党组织的领导下开展工作。驻村扶贫干部据此嵌入贫困村庄后，主要通过介入村庄现有治理机制和创新村庄治理机制两个层面推进自身融入贫困村内部治理结构。

一方面，驻村扶贫干部积极介入村庄现有治理机制。ZS 村的第一书记在访谈中谈到自己必须依靠贫困村现有治理力量，通过适当分工才能有效推进扶贫开发工作。

> 我很尊重他们，分工的时候，我是第一书记。书记员，搞材料很辛苦，抄抄写写，"光杆"司令，又没兵又没将的，得听村里四个老大哥的，尊重大家，你的村你负责，我下来的重要任务是经济留给我，到上面把资金争取过来，把项目争取过来。②

AN 村的第一书记在分享其驻村扶贫经验时表示，驻村扶贫干部下到贫困村庄，需要与村"两委"、村"头面"人物、普通村民、贫困户都建立好联系，才能抓好"人和"因素推进贫困村庄治理。

> "驻村干部要依靠村委会，整个工作处于'攻心'状态，要说服村委会以大局为重，做好扶贫工作"，"工作中，为了寻找力量平衡，我们还要注意与'头面'人物打交道，像那些县人大代表、对家乡建设关心的有钱老板、宗族大家长，等等。这些'头面'人物本身也想与驻村干部打交道、吃饭啥的，通过他们也能了解到对村发展的看法，了解整条村的各方面力量"，"与村民打交道也很重要，驻村扶贫干部要学会沟通，工作要开展下去就要先对得上话，在融入贫困村庄生活的过程中，作为外来者，不管是面对普通

---

① G 省省委组织部、省扶贫开发办公室：《关于做好新一轮扶贫开发"规划到户责任到人"驻村干部选派和管理工作的意见》，2013 年 5 月 9 日，http：//www. gdfupin. org. cn/new31. asp？id＝57.

② 对 ZS 村第一书记的访谈，访谈编号 20161126ZS。

村民还是面对贫困户，都要有一个中立的角色，这样他们才会信任你，同你讲一些真心话，你也才能运用村里的各种制度和资源解决问题。"[1]

另一方面，驻村扶贫干部积极创新村庄治理机制。面对脱贫攻坚中的村庄公共事务问题，驻村扶贫干部也常常借助村庄场域中的资源创新治理机制，进而将自身融入村庄治理结构。譬如，面对基础设施建设资金不足又难以筹资的困境，DD村的第一书记分享了自己通过创新村容村貌领导小组治理机制破解困境的经验。

> 扶贫需要单位出钱，但是我们单位财政没有创收，半年多村里面自筹资金也很少。以前村干部自筹资金不公开，所以当时自筹资金有点儿难开展。后来我就跟单位说了，和村"两委"商量，让老人组带头，后来我就提了个建议，成立村容村貌领导小组，以村民为主，把干部排外，一个村干部都不能参与进去，让村民自筹。村干部和我只能作为顾问，里面的会计、出纳、组长这些都是村民，村民推荐后，就是村里面的一个小学校长作为小组组长。另外在外面做生意较大的作为出纳。[2]

JYC社区是Z省异地扶贫搬迁后形成的社区，其第一书记在访谈中谈到通过创立合作社解决社区50、60、70岁人口的就业问题。

> 搬到这里以后，我们现在的生活状态就是中青年外出打工，在这里居住的就是"一老一小"。说句实话吧，我们这里的开发区，不算很争气，没有那么多就业岗位。现在也在逐步规划，县里面也在招收，但这些移民户，他的劳动和文化水平相对也低一些，所以50、60、70岁人口的就业很难。所以我们就筹划成立合作社，目的就是承接劳动密集型业务，比如说茅台集团的那些草莓基地，我

---

[1] 对AN村第一书记的访谈，访谈编号20150831AN。
[2] 对DD村第一书记的访谈，访谈编号20161010DD。

们就和他们合作，进行劳务输出了，做些简单的装袋、除草、施肥等工作。这样他们就能就近就业，还有些事情做，不影响带小孩。我们成立的这个合作社，坚持政企分开，我们居委会和社区党支部，只能监督不能参与。不过呢，我们现在的这个合作社还是有个弊端，由于政策限制，灵活就业的劳务现在还没有被合作社的相关规定认可，其实也建议国家和你们多呼吁多关注贫困人口灵活就业这块。①

三　构建支撑外部扶贫力量与村庄互动的结构基础

按照安东尼·吉登斯的结构化理论，外部扶贫力量与村庄的互动行为发生在一定的社会结构之中。吉登斯的"结构化理论"的两大支点是行动与结构。② 行动者作为行动的主体，应当具备两个特征：一是行动者具有某种认知能力，能对社会历史等现状形成理性认知；二是由于行动者的认知能力受到限制③，抑或是未被行动者认知到，进而出现无意识的行动或产生行动的意外后果等，这些都属于偏离行动者主观意志的行动结果。④ 反观作为结构的主体，其本质上是社会系统的"规则"和"资源"集合体。⑤ 在吉登斯看来，行动与结构必然存在着关联性，这种关联性未能被研究者准确揭示。

吉登斯用"结构二重性"概念来表达行动与结构的关系：一是结构对行动同时具有"使动"和"支持"的功能。⑥ 二是结构依赖于行

---

① 对 JYC 社区第一书记的访谈，访谈编号 20190531LMG。
② ［英］安东尼·吉登斯：《社会的构成》，李康、李猛译，生活·读书·新知三联书店 1998 年版，第 61 页。
③ ［英］安东尼·吉登斯：《社会的构成》，李康、李猛译，生活·读书·新知三联书店 1998 年版，第 474 页。
④ ［英］安东尼·吉登斯：《社会的构成》，李康、李猛译，生活·读书·新知三联书店 1998 年版，第 409 页。
⑤ ［英］安东尼·吉登斯：《社会的构成》，李康、李猛译，生活·读书·新知三联书店 1998 年版，第 9—10 页。
⑥ ［英］安东尼·吉登斯：《社会的构成》，李康、李猛译，生活·读书·新知三联书店 1998 年版，第 271 页。

动，结构除了是时空维度上的延伸结果，同时也是通过行动者的行动反复再生产的结果。① 换言之，行动者只有在特定的社会结构中，以特定的规则和资源作为基础条件，才能采取某种特定的行动，即任何行动都伴随着规则与资源，同时行动能够反复生产或再生产出特定的社会结构。当这种行动作用于另一行动者或更多行动者，并且获得对方采取行动予以回应，这就自然而然产生了互动行为，这就是结构的"使动"功能。这种互动行为无一例外将受到结构的影响，一种是正式结构的影响；另一种是非正式结构的影响。前者表现为权力结构支持和政策结构保障，后者则体现为约定俗成、自觉遵守、无成文规定的例行常规，这就是结构的"支持"功能。具体到精准扶贫的实践场景，外部扶贫力量与村庄的互动行为更多受到正式结构的制约和影响。与此同时，这种结构在互动行为的反复作用下将得到再生产，具体表现为保障这种互动行为的政策体系不断完善，以及支持这种互动行为的权力体系在社会实践中不断健全。

（一）权力结构支持

外部扶贫力量与贫困村庄的互动实则是党政权力和村民自治权力互动的表现形式，同时也是国家党政体系与村民自治体系衔接的实践过程。② 这种互动行为不能脱离权力结构的协调和支持。在吉登斯的权力理论看来，资源与权力之间存在着关联性，资源的绝对占有性、后续获取性以及储存性决定了权力的转换能力和支配能力。

以驻村扶贫干部为主体的外部扶贫力量与以村干部为主体的村庄力量属于两种不同类型的权力，其所依附的资源不同，能够占有、获取资源数量多少以及储存能力强弱存在差异。就前者而言，其政治资源来源于国家委派，在精准扶贫过程中贯彻国家意志，具备行使行政权力的合法性；政策资源来自中央、省市的驻村工作队和第一书记选派管理、扶贫资金筹集、党建促进精准扶贫等政策；社会人际资源主要体现为驻村

① 郭忠华：《现代性理论脉络中的社会与政治——吉登斯思想地形图》，上海人民出版社 2010 年版，第 26—27 页。

② 位杰、徐海峰：《驻村制度：精准扶贫视域下嵌入式扶贫模式探析——基于河北省顾家台村的调查研究》，《太原理工大学学报》2020 年第 2 期。

扶贫干部的社会关系网络，集中于其所在驻村工作队以及帮扶村所在市县镇政府机关工作网络；制度资源主要来自驻村扶贫干部所处的官僚制治理体系。对于后者来说，村民授权的村民自治权力是其政治资源，各级扶贫政策明确要求驻村扶贫干部协助做好村两委班子建设等是其政策资源，村干部在村庄的社会人际关系和权威构成其社会资源，村庄公共事务的民主管理权则是村干部可以利用的制度资源。

在精准扶贫实践中，外部扶贫力量通过对接县—乡—村权力结构、融入贫困村内部治理结构，驻村扶贫干部代表的行政权力与村干部代表的村民自治权力相互结合，借助各自拥有的不同资源，所构建的嵌入性权力结构为双方的有效互动提供了支撑。①

首先，推进行政权力与村民自治权力的互补。行政权力管理公共事务的过程更多体现为技术性治理过程，行动者在此过程中出于理性思维与目标取向行使行政权力，开展精准扶贫工作。但是，精准扶贫的实施场域是贫困村，村庄治理更多讲究的是一种伦理价值，通俗来说就是"和村民讲道理，不能开口闭口执行上级指令"。如果不重视村庄社会伦理，必将出现"瞄不准问题"②。这也导致驻村扶贫干部在行使行政权力过程中，容易出现政策效果脱离群众的现象。反之，村干部能够团结群众，与群众一道开展扶贫工作，容易获得多数群众的支持与认可。因为村干部的村民自治权力是村民选举产生出来为其代言和服务的，其处事原则和权力生态深深印刻在基层治理秩序中。③ 不过，由于过分亲近群众，过于重视自身的政治资本积累，村干部在行使村民自治权力时也易于产生政策目标与政策规范偏离。基于此，行政权力与村民自治权力需要相互配合、共同推动精准扶贫政策落地，在这个过程里，驻村扶贫干部的行政权力更多体现为监督权力，即规范精准扶贫政策的实施方式，村干部的村民自治权力则更多体现为实践权力，即结合村民需求推

---

① 参见穆军全、方建斌：《精准扶贫的政府嵌入机制反思——国家自主性的视角》，《西北农林科技大学学报》2018年第3期。该文认为理念方法嵌入、权力关系嵌入、稀缺资源嵌入推进形成了精准扶贫中的嵌入机制。

② 王雨磊：《技术何以失准？——国家精准扶贫与基层施政伦理》，《政治学研究》2017年第5期。

③ 周雪光：《基层政府间的"共谋现象"——一个政府行为的制度逻辑》，《社会学研究》2008年第6期。

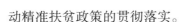

动精准扶贫政策的贯彻落实。

其次，行政权力对村民自治权力的支持。张义祯认为驻村扶贫干部的嵌入治理模式能有效补充村民自治失灵，提升农村的治理绩效。[1] 精准扶贫政策强调驻村扶贫干部参与村庄贫困治理的目标之一是要提高基层治理水平，提高村干部的治理能力。这意味着驻村扶贫干部在开展扶贫工作时，需要尊重村干部的权力地位，积极吸纳村干部参与精准扶贫工作，尤其需要进一步加强和支持贫困村党支部建设，使之成为精准扶贫的战斗堡垒，改变村级党组织积贫羸弱的现状等。与此同时，村干部通过不断向驻村扶贫干部学习工作技能，也能够不断改善自身的治理方式和提高治理能力。

最后，村民自治权力对行政权力的支持。村干部在精准扶贫的实施过程中，需要大量扶贫资源，这些扶贫资源不能够被村干部获取、占据，其需要在驻村扶贫干部的参与、支持下，才能够获得相应的扶贫资源。故而，村干部为获取相应的扶贫资源，只能为驻村扶贫干部介入贫困村庄治理提供必要支持，以此促成行政权力嵌入村庄权力结构中来。通过这种支持，村干部不仅可以吸纳驻村扶贫干部的扶贫资源，将其转化为村庄公共资源，为其管理公共事务提供必要的资源保障，而且能够通过将驻村扶贫干部的工作业绩描述成自身任职期间的政绩表现，增加自身的政治资本。[2]

（二）政策结构保障

吉登斯强调一切行动都必然在相应规则和资源的框架内，因而外部扶贫力量与村庄互动行为的政策结构保障可以分为政策规则和政策资源保障两个部分。政策资源保障在权力结构支持中已有所提及，这里主要从约束性政策规则和激励性政策规则两个方面呈现国家精准扶贫政策给予互动的规则保障。

约束性政策规则指在精准扶贫进程中对扶贫有关单位和干部压实责

---

[1] 张义祯：《嵌入治理：下派驻村干部工作机制研究——以福建省为例》，《中共福建省委党校学报》2015 年第 12 期。

[2] 对 DX 村第一书记的访谈，访谈编号 20180701DX。

任、约束行为的规则，在中央、省市的精准扶贫政策文件中广泛存在。这类规则主要包括脱贫攻坚领导责任制和扶贫考核督查问责制度两个部分。如中共中央、国务院颁布的《关于打赢脱贫攻坚战的决定》（中发〔2015〕34 号）就脱贫攻坚领导责任制规定"实行中央统筹、省（自治区、直辖市）负总责、市（地）县抓落实的工作机制，坚持片区为重点、精准到村到户……县级党委和政府承担主体责任，书记和县长是第一责任人，做好进度安排、项目落地、资金使用、人力调配、推进实施等工作。要层层签订脱贫攻坚责任书，扶贫开发任务重的省（自治区、直辖市）党政主要领导要向中央签署脱贫责任书，每年要向中央作扶贫脱贫进展情况的报告。省（自治区、直辖市）党委和政府要向市（地）、县（市）、乡镇提出要求，层层落实责任制"①。《中共中央、国务院关于打赢脱贫攻坚战三年行动的指导意见》（中发〔2018〕16号）进一步就此强调"健全脱贫攻坚工作机制，脱贫攻坚任务重的省（自治区、直辖市）党委和政府每季度至少专题研究一次脱贫攻坚工作，贫困县党委和政府每月至少专题研究一次脱贫攻坚工作。贫困县党政正职每个月至少要有 5 个工作日用于扶贫。实施五级书记遍访贫困对象行动，省（自治区、直辖市）党委书记遍访贫困县，市（地、州、盟）党委书记遍访脱贫攻坚任务重的乡镇，县（市、区、旗）党委书记遍访贫困村，乡镇党委书记和村党组织书记遍访贫困户"②。关于扶贫考核督查问责，《关于打赢脱贫攻坚战的决定》要求"建立年度扶贫开发工作逐级督查制度，选择重点部门、重点地区进行联合督查，对落实不力的部门和地区，国务院扶贫开发领导小组要向党中央、国务院报告并提出责任追究建议，对未完成年度减贫任务的省份要对党政主要领导进行约谈"③，《关于打赢脱贫攻坚战三年行动的指导意见》则进一步要求"改进约谈省级领导的方式，开展常态化约谈，随时发现问题随

---

① 中共中央、国务院：《关于打赢脱贫攻坚战的决定》（中发〔2015〕34 号），2015 年11 月 29 日。

② 中共中央、国务院：《关于打赢脱贫攻坚战三年行动的指导意见》（中发〔2018〕16号），2018 年 6 月 15 日。

③ 中共中央、国务院：《关于打赢脱贫攻坚战的决定》（中发〔2015〕34 号），2015 年11 月 29 日。

时约谈。完善监督机制，国务院扶贫开发领导小组每年组织脱贫攻坚督查巡查，纪检监察机关和审计、扶贫等部门按照职能开展监督工作。充分发挥人大、政协、民主党派监督作用"。①

激励性政策规则主要指给予政策对象激励或关怀的政策内容。对于驻村扶贫干部，陈庆立等人在 L 县远郊 D 乡的调研基础上，对选派干部的驻村意愿展开了相应的分析，认为驻村扶贫干部不愿意驻村的现象不在于少数驻村干部身上，而是在相当一部分驻村干部身上，建议选派驻村扶贫干部时要考虑给予驻村干部更多的政策激励、工作保障和生活关怀等。② 对此，中央、省市的精准扶贫政策对于驻村扶贫干部提供了许多激励政策，如国务院扶贫办要求关心基层扶贫干部，做到保障交通安全、关心身体健康、免除后顾之忧、切实减轻负担。③ G 省规定驻村工作队队长和第一书记完成帮扶任务后，符合有关任职资格条件的，按干部管理权限提拔一级职务；要求被帮扶镇村要提供工作、食宿等基本条件，协助解决交通、通信等方面的困难，改善工作生活环境，确保驻村工作队成员和第一书记下得去、待得住、干得好。④ Z 省要求总结推广各地建立关怀激励、容错纠错机制的经验做法，组织学习培训，注重人文关怀，强化表彰激励，鼓励大胆干事创业，充分调动脱贫攻坚一线干部的积极性。⑤ 而对于贫困村两委干部，王征兵、宁泽逵等人研究了工资报酬、社会声誉、规范化村治制度等激励因素对村干部激励强度的贡献，结果表明提高村干部工资报酬、强化村干部社会声誉、推行规范化村治制度对村干部而言是有效激励措施，能够显著提高村干部工作积

---

① 中共中央、国务院：《关于打赢脱贫攻坚战三年行动的指导意见》（中发〔2018〕16号），2018 年 6 月 15 日。

② 陈庆立、左停：《选派干部驻村意愿分析——基于 L 县远郊 D 乡的调研》，《西北农林科技大学学报》（社会科学版）2018 年第 4 期。

③ 国务院扶贫办：《关于关心基层扶贫干部保障安全工作的通知》，2019 年 10 月 17 日。

④ G 省省委组织部、省扶贫开发办公室：《关于做好新时期精准扶贫精准脱贫三年攻坚驻村工作队和第一书记选派管理工作的意见》，2016 年 3 月 29 日，http://www.gdfp.gov.cn/zcfg/sfpb/201609/t20160926_795645.htm.

⑤ 《Z 省扶贫开发领导小组办公室关于进一步落实脱贫攻坚一线干部关心关爱和各项安全生产政策的通知》，2020 年 4 月 20 日，https://www.sohu.com/a/389828843_169540.

极性。[1] 政府的精准扶贫政策也注重对村干部给予适当激励，如 G 省要求落实中央有关要求，重点保障村干部基本报酬、村级组织办公经费，还要保障农村公共服务运行维护支出、正常离任村干部生活补贴、村小组干部误工补贴等其他必要支出。[2]

---

① 王征兵、宁泽逵等：《村干部激励因素贡献分析——以陕西省长武县为例》，《中国农村观察》2009 年第 1 期。

② G 省省委组织部：《中共 G 省省委组织部关于抓好党建促进精准扶贫精准脱贫三年攻坚的指导意见》，2016 年 8 月 9 日，http：//www.gdfp.gov.cn/zcfg/szbm/201610/t20161024_800195.htm.

第四章 互动治理：驻村扶贫干部与村干部的互动关系

　　驻村扶贫干部作为外部扶贫力量的重要组成部分与载体，其与贫困村庄尤其是村干部之间的有效互动关系是其嵌入并参与贫困村庄治理的一个基础前提。[①] 2015 年 6 月习近平总书记在部分省区市扶贫攻坚与"十三五"时期经济社会发展座谈会上要求脱贫攻坚做到六个精准，即扶持对象精准、项目安排精准、资金使用精准、措施到户精准、因村派人（第一书记）精准、脱贫成效精准。[②] 驻村扶贫干部与村干部的良性互动便是因村派人（第一书记）精准的内在要求。在精准扶贫实践中，各种召回驻村扶贫干部的现象虽然较为少见，但是他们从一个侧面说明驻村扶贫干部与村干部互动是一个充满挑战的复杂行为。为完成脱贫攻坚，实现全面建设小康社会的目标，2013 年 12 月中共中央办公厅、国务院办公厅联合印发的《关于创新机制扎实推进农村扶贫开发工作的意见》（中办发〔2013〕25 号），按照该意见精神，党的十八大以来，一大批驻村扶贫干部深入贫困村和贫困户，协助基层组织贯彻落实党和政府各项强农惠农富农政策，积极参与扶贫开发各项工作，帮助贫困村、贫困户脱贫致富。[③] 在精确派人、精准对焦贫困村户后，驻村扶贫

---

①　郭小聪、吴高辉：《第一书记驻村扶贫的互动策略与影响因素——基于互动治理视角的考察》，《公共行政评论》2018 年第 4 期。

②　中共中央党史和文献研究室编：《习近平扶贫论述摘编》，中央文献出版社 2018 年版，第 58 页。

③　中共中央办公厅、国务院办公厅：《关于创新机制扎实推进农村扶贫开发工作的意见》（中办发〔2013〕25 号），2013 年 12 月 18 日。

干部与村干部实际上就成为决定精准扶贫成败的两只"具体的手"，二者共同承担起落实精准扶贫"最后一公里"的责任，因而驻村扶贫干部与村干部有效互动是精准扶贫成败的关键所在。不仅如此，在乡村场域中，驻村扶贫干部与村干部的互动情境异常复杂，驻村扶贫干部需要在不同村庄、不同环境下与村干部展开多样化互动。因而，深入探讨复杂异质性情境中的驻村扶贫干部与村干部互动过程、影响因素及其逻辑是推进精准扶贫的重要保障。

一　驻村扶贫干部与村干部互动关系的实践类型

在权力结构与政策结构支持下，作为外部扶贫力量嵌入贫困村庄的驻村扶贫干部与村干部的互动并不顺畅和简单，受到精准扶贫政策清晰性、驻村扶贫干部嵌入方式、村干部利益诉求以及异质性情境等诸多因素的影响，精准扶贫中的驻村扶贫干部与村干部互动关系在实践中表现得生动而复杂。总体而言，驻村扶贫干部与村干部之间的互动既有冲突也有合作，在多数情况下双方都竭力使冲突处于合理可控的范畴，维护互动不至于走向破裂边缘。即便如此，驻村扶贫干部与村干部的互动关系仍有可能存在以下两种极端情况：驻村扶贫干部的权力替代与村干部的权力排挤。前者表现为驻村扶贫干部在参与贫困村庄治理过程中与村干部发生了角色转换，驻村扶贫干部取代了村干部的村治主体及其权力地位。驻村扶贫干部主导村庄精准识贫与精准管理，支配扶贫产业及其他治理事务。村庄内精准扶贫各方面工作由驻村扶贫干部包揽替代，村干部只是协助驻村扶贫干部做一些次要工作。[1] 而后者则表现为，在大量利好政策资源投入到贫困村庄背景下，村干部基于私人利益，其只愿意接受为自身带来实实在在好处的政策福利，反对那些需要牺牲个体利益的要求，甚至对驻村扶贫干部提出某些不合理的利益诉求。倘若驻村扶贫干部不能满足村干部的利益诉求，就有可能遭受到村干部的排挤与

---

① 张欢：《驻村帮扶中的权力替代及其对村庄治理的影响》，《湖南农业大学学报》2018年第5期。

村民的排斥。①

上述两个极端点反映出双方互动关系的一条主线，即谁在互动关系中占据主导和有利地位，权力替代互动关系中驻村扶贫干部占据绝对主导和有利地位，而权力排挤互动关系中则是村干部占据主导和有利地位，其余的互动关系表现皆可视为两个极端点的中间区域部分。此外，我们还可以设置一条分类互动关系的主线，即从互动效果来看，驻村扶贫干部与村干部的互动是否有利于精准扶贫，一端是那些有利于推进精准扶贫政策有效落地的互动关系，另外一端是不利于精准扶贫政策落地的互动关系，其他互动关系介乎二者之间。基于这两条主线，我们可以构建一个呈现日常互动关系的象限图，如图4—1所示，着重呈现委曲求全、合作共赢、搁置争议、各行其道四种理想的互动关系类型，深刻反映精准扶贫政策落地的复杂性。需要进一步说明的是，这些互动关系既可能并存于同一个被帮扶村庄中，也可能共存于不同的被帮扶村庄。本文主要以 SX 村、AN 村、ZS 村的互动实践来呈现四种互动关系的动态过程。

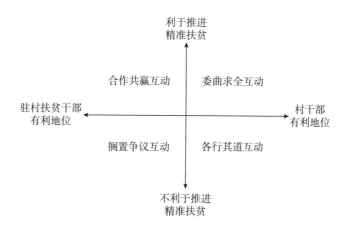

图4—1　复杂异质情境中驻村扶贫干部与村干部的互动关系类型

---

① 李胜蓝、江立华：《基于角色理论的驻村"第一书记"扶贫实践困境分析》，《中国特色社会主义研究》2018 年第 6 期。

（一）委曲求全互动

委曲求全式互动关系表示互动关系夹杂着村干部的个人利益诉求，但这些诉求并未突破精准扶贫政策的刚性约束。面对这些打"擦边球"的诉求，驻村扶贫干部被迫采取妥协、默许、不抵制等态度，从而消除冲突，维护好双方的互动关系，换取精准扶贫工作的有效推进。

SX村的基础设施建设是帮扶单位推动减贫脱贫的重心，村干部对此也表现出积极支持的态度。然而，在规划基础设施建设项目时，村干部提出的一个道路建设项目却引发了驻村扶贫干部与村干部之间的激烈冲突。这是一个从村委会大楼到一个自然村的道路建设项目，在这一项目的构想提出期间，SX村驻村扶贫干部与村干部之间就发生了激烈冲突，驻村扶贫干部对此道路建设项目的商讨过程描述如下：

> 那次村支书想修一条从村委会到他所在自然村的路，事实上从村委会去他自然村有多条路，所以那条路修不修不碍事，平时绕绕路而已，也不耗多长时间。他就要修村委会到他所在自然村的村道，要帮扶单位出资80万，出资80万是很多的钱。帮扶单位觉得刚到没多久，提出这样的要求，就觉得这个我们要商量嘛，看可不可行，要论证嘛！就因为这个拖了一段时间以后，村支书直接破口大骂，拍桌子说，傻子，你不是人！我要把你赶回去。①

调研发现，村干部制造的这起冲突事件有着深层原因。一方面，村干部提出从村委会大楼到其所在自然村的道路项目受到自然村村民的怂恿鼓动。该自然村村民们曾在村干部面前多次抱怨：

> 为什么我们选你做村干部，你一点福利也没给我们大伙弄点？你要利用一下自己的权力嘛。②

---

① 对SX村第一书记的访谈，访谈编号20180701SX。
② 对SX村A村民的访谈，访谈编号20180702SXA。

值得一提的是，村干部所在自然村是村里人口最多的自然村，这就使得来自这个自然村的候选人，在村"两委"换届中占据明显的优势，也意味着村领导班子成员来自这个自然村的概率很大，这个自然村的人在村"两委"领导班子中常常占据多数。故而，在怂恿鼓动和选票压力之下，村干部有了为该自然村做点"实事"的想法。

另一方面，村干部想借此冲突在驻村扶贫干部面前树立权威，让驻村扶贫干部了解"谁是村里老大哥"的基本事实。村干部对驻村扶贫干部的到来虽然在言语上表达欢迎，但在思想上和行动上却非常谨慎，这是因为驻村扶贫干部的出现削弱了村干部所掌握的村民自治权力。这迫使一些贫困村村干部通过各种方式维护其掌握的村民自治权力，通过在冲突事件中"压制"驻村扶贫干部，向村民展现其权力比驻村扶贫干部更加强势。

围绕着该村道的冲突发展也确实实现了村干部的意图。在村干部求助县、镇领导介入后，驻村扶贫干部从精准扶贫大局出发，迫于现实情境压力对村干部采取了妥协态度，出资建设了该村道，并将此作为精准扶贫项目的一个部分。该村第一书记对此谈道：

> 不能否认的是村支书提的项目也有一定道理，他提到的村道确实还是泥土路，村支书太会闹了，找了镇、县有关领导，请当地领导出面，我没办法只好认了。让我们单位扶贫工作队队长去跟当地的镇沟通，最终帮扶单位出资80万修建从村委会到他所在自然村的村道，说白了我就是妥协。①

> 在村里谁都得给村支书面子，驻村扶贫干部也不例外，我们村里有事多找村支书帮忙，这样没准儿有用，驻村扶贫干部太窝囊了。②

这种委曲求全式互动虽然克服了眼前困境，让精准扶贫工作能够继续推进，但也带来了驻村扶贫干部权力地位弱化、威信降低等负面影

---

① 对 SX 村第一书记的访谈，访谈编号 20180701SX。
② 对 SX 村 A 村民的访谈，访谈编号 20180702SXA。

响。从村民的访谈中可知，村民对村干部权威高度认同，却看不起驻村扶贫干部，也给未来的精准扶贫埋下了隐忧。

（二）合作共赢互动

合作共赢式互动关系表示互动关系由驻村扶贫干部主导，驻村扶贫干部与村干部基于脱贫攻坚的责任认知，相互协同，取得共识，按照精准扶贫政策推动扶贫工作。

很多驻村扶贫干部在进入贫困村庄之时，就明白自己的扶贫工作离不开村干部的配合，所以时刻保持"攻心"状态，让村干部理解精准扶贫政策。对此，AN 村的驻村扶贫干部在受访中谈道：

> 我们的驻村扶贫工作离不开村干部。在工作中，最好是处于攻心状态，要说服村干部以大局为重，做好扶贫工作。①

攻心确实是驻村扶贫干部主导合作共赢式互动的重要手段。AN 村驻村扶贫干部的一个精准扶贫项目是在村里建设 12 个商铺，一期建设 8 个，其中 2 个用于卫生站，3 个用于农资服务，1 个用于办五金店，2 个用于办饮食店。二期建设 4 个，准备做 4S 农业服务中心。但是，二期建设完成后村主任却将其出租出去了，遭到驻村扶贫干部的强烈反对。驻村扶贫干部在调研中说：

> 我当时对村主任讲了许多扶贫政策，告诉他 4S 农业服务中心对于完成双到扶贫任务很是重要，请村主任要支持扶贫工作，不要搞砸了。并强硬表态，如果不收回来，就让县委书记来处理。②

在一番"攻心"之后，村主任主动从那个在农村看来比较"杂"的租户手中收回了商铺，有力地保障了后续扶贫工作。合作共赢式互动不仅能够建构驻村扶贫干部与村干部之间的合作关系，共同推进扶贫工

---

① 对 AN 村第一书记的访谈，访谈编号 20150831AN。
② 对 AN 村第一书记的访谈，访谈编号 20150831AN。

作，而且有利于在农村日常工作中调动村干部发挥他们的经验和智慧帮助自己。ZS 村的驻村扶贫干部在受访中也强调，驻村扶贫干部在扶贫工作中与村干部保持合作关系非常重要，作为外来者的驻村扶贫干部在乡村场域中需要村干部的帮助。

总体而言，合作共赢式互动是最有利于实现精准扶贫目标的方式，其在全国各地的精准扶贫进程中广泛存在，引导着行政权力与自治权力之间的协同共治。Z 省 JXC 村第一书记的观点，也说明驻村扶贫干部与村干部的协同共治对于解决贫困村的公共问题大有裨益。

> 所以说这个东西就是说要大家通力合作，要团结。有什么事儿，也并不是说您下派的支书处理就行了。如果老百姓有事情给您支书反映到了，那就"包点"干部先去做一个了解，因为我们"包点"干部基本上都是当地的这些民选干部。了解了之后，如果他能够当场处理，他就可以处理了，这处理了之后，回来要跟支书汇报怎么处理的，处理得公不公平。您就是处理得好，处理不好，都要汇报。汇报了之后，如果没处理好，那就村两委一起来，集中看以前他家的问题是怎样产生的，大家都在这个上面来讨论、来研判，甚至有些大的事情，还要开村民代表大会，还要把党员老党员、有些村民代表召集起来议论这个事。如果是属于村里面能够解决的，那村里面就把它解决了，村里面解决不了，有些还要往上一级移交，都有可能。另外呢，下派干部还有一个弱点是什么呢？就是他对村里面的经济的发展，碍于政策约束，放开力度不是很大。他有想法，但是有些事他不能去做，但作为民选干部来说有些事他们都不一样，他们就可以去发展第二产业，可以带动这些老百姓去做事儿。您是下派的，您是正式干部，那您就不能够去，您都不能够参与第二产业，这些方面他都是有点儿说法的。[①]

（三）搁置争议互动

搁置争议式互动表示互动关系因为某个争议或冲突陷入困境，成为

---

① 对 JXC 村第一书记的访谈，访谈编号 20190406CG。

深入推进精准扶贫工作的重要阻碍。在此情境中，驻村扶贫干部无法采取妥协等委曲求全的方式处理，只能采取冷处理冲突、搁置争议的方式推进后续的扶贫工作。

SX 村毗邻水库，河流横穿村庄，故而桥梁建造是村庄交通基础设施建设的重点。但是，调研发现 SX 村桥梁建造项目在推进过程中遭遇重重困难，其主要障碍在于桥梁建造过程中屡屡发生质量不过关的问题。SX 村第一书记对此指出：

> 那个桥，修建了好几次了，建完就塌，村主任让他自己人承包的，也是乱来的，随便建，建了没多久又塌，塌了从不找原因。①

正是在这种背景下，无论驻村扶贫干部还是帮扶单位，对村干部再次提出的桥梁建造项目都采取"评估先行，多方考虑，审慎回应"的态度。但是，因为桥梁是村庄道路连接的必要工程，群众也对桥梁建造呼声最高。

> 桥梁没有，别人进不来，我们出不去，谈什么脱贫，快点做些实事吧。②

为此，驻村扶贫干部在顾虑重重下同意并支持该桥梁建造项目，与村干部联手做好了桥梁建造项目规划设计、预算开支等事项。随后，驻村扶贫干部向帮扶单位提交桥梁建造项目申报书，项目被帮扶单位否决，理由是"桥梁质量问题不能保证，此前桥梁崩塌原因不明，因此该项目可持续性无法确定，暂时搁置"。此后，在村民上访和村干部催促压力之下，驻村扶贫干部围绕帮扶单位拒绝理由展开调查工作，并由驻村扶贫干部、村干部、村民代表组成"桥梁建造项目游说团"前往帮扶单位解释说明，最终帮扶单位同意了桥梁建造项目。原本以为桥梁建造项目会如期开展，不会受到其他情况的干扰或阻挠，但事与愿违，

---

① 对 SX 村第一书记的访谈，访谈编号 20180701SX。
② 对 SX 村 B 村民的访谈，访谈编号 20180702SXB。

桥梁仍未如期开建，仍处于项目悬置、无法落地的状态。驻村扶贫干部对此解释道：

> 那段时间建桥，我们帮扶单位给 20 万就够了。给 20 万帮扶，单位意思是那 20 万我答应你，但是你把桥先建起来，你不要跟我说等明年、后年再建桥。村干部不这么认为，表示要先给钱再建桥。因为先前桥梁质量问题塌了好几次，村干部担心他自己人花了这么多钱去建，要是赔了本，没有回报，谁负责。村主任不同意建好了，再拨款，一定要先给 20 万再建桥。①

据此，"先拨款再建造"还是"先建造再拨款"成为影响驻村扶贫干部代表的帮扶单位与村干部互动的冲突焦点。由于之前桥梁数次崩塌，村干部对此次桥梁建造项目缺乏信心或者预判到某种障碍，并且对于帮扶单位不信任，担心做亏本买卖，只能通过"先要钱后做事"的方式免去后顾之忧。帮扶单位则基于过往历史以及对扶贫项目质量监督的责任，始终坚持"先建造再拨款"。双方僵持不下。驻村扶贫干部试图通过游说规劝的方式尽可能消除村干部的疑虑，增进其对帮扶单位的信任，与村干部就如何保障桥梁质量展开磋商，确保桥梁建造项目取得预期效果，然而并未如愿。

后来村干部试图通过抗争加剧冲突，逼迫驻村扶贫干部和帮扶单位妥协让步，但也未能改变帮扶单位的决定，最终导致该建设项目被搁置。不断升级的冲突严重阻碍了精准扶贫的进程，驻村扶贫干部希望找寻一个契机在搁置争议的基础上重新恢复良性互动关系，继续推进后续的精准扶贫工作。进入 2018 年，村干部突然返回工作岗位，不再对驻村扶贫干部采取报复性措施，在工作中也减少了对抗性。究其原因，驻村扶贫干部对村干部的反常状态解释道：

> 2018 年好多了，全国"扫黑"，我和村干部关系有所缓和，没有直接激烈冲突，"扫黑"帮了我们很多。村干部比以前更加有礼

---

① 对 SX 村第一书记的访谈，访谈编号 20180701SX。

貌，去年真是山高皇帝远，村干部就是这么说自己，老子就是天下第一。基层"扫黑"之后呢，好多村干部做事会谨慎一些，没有那么嚣张跋扈，但是那做事动力明显不足，这个确实是这样子的。村干部就感觉自己做得多错得多，所以他们就不积极了，但是那个态度收敛了很多，比以前好相处了好多。①

事实上，2018年1月中共中央、国务院发出《关于开展扫黑除恶专项斗争的通知》，在全国范围内开展扫黑除恶的专项行动，由此带来行政执法等力量的下沉，对基层农村黑恶势力形成强大震慑。在这种政治情境压力之下，SX村村干部在接受搁置桥梁建造项目基础上试图重新构建与驻村扶贫干部的互动关系，配合推进精准扶贫工作。

（四）各行其道互动

各行其道式互动表示互动双方面对冲突和争议，难以做到相互妥协或冷处理，只能采取互不干涉、互不阻止等态度规避冲突，导致部分扶贫事务缺乏合作，呈现出工作分离状态，不利于精准扶贫工作的深入开展。

SX村由于自然条件限制，其产业扶贫的难度很大，精准帮扶的重心主要放在提高贫困户收入、完善基础设施水平、加大社会保障力度、改善劳动力就业、种植蔬菜粮食和养殖家畜等项目上。对此，驻村扶贫干部在交谈时指出：

我们村因地制宜，发挥本村优势，开展农业产业项目——水稻种植项目。针对SX村家庭养殖的传统，每户发放鸡苗10只，帮助贫困户通过劳动致富。单位领导带队举行春节慰问活动，为贫困户送上慰问金。举办劳动技能培训和农业技能培训，切实完成危房改造任务，2018年末预计全村危房改造全部完成。与此同时，开展造血扶贫项目，鼓励贫困户靠自身劳动脱贫。鼓励贫困户参加农

① 对SX村第一书记的访谈，访谈编号20180701SX。

业和劳动技能培训，实现家庭劳动力转移就业来促脱贫。①

在精准扶贫过程中，驻村扶贫干部和村干部都非常注重扶贫实效，在主观上都想搞好扶贫工作。他们在交流中谈道：

> 减贫效果好坏关乎村民满意度高低，村民的满意度是最真实反映扶贫效果的另一种方式。单位领导和当地领导最喜欢询问村民意见，而不会来问我和村干部意见。说白了看村民满意度来评估我们的表现。②

然而，在如何更好实现减贫脱贫效果的手段选择上，驻村扶贫干部和村干部基于各自不同的价值认知和现实情境判断，双方有不同的看法和做法，由此形成的冲突难以妥协或搁置，只能各行其道。

其中，驻村扶贫干部认为种植蔬菜粮食和养殖家畜项目存在实施的必要性与合理性，开展种养项目既是结合 SX 村现实条件落实扶贫先扶志政策精神，又是确保扶贫工作稳定推进的重要手段。驻村扶贫干部的解释和贫困群众的看法也支持了这种选择：

> 我们也很难去说，你就不要去养了，你就不要种了。因为你跟他说发种苗，所有人都申请，全部贫困户都去申请，能不给他吗？所以很多事情明知不可为仍为之。我们知道给每家每户发猪苗是不现实的，但我们不能不发，因为不发，他们会跳出来，我打申请你为什么不发给我呢？我也是贫困户，为什么发给她不发给我呢？谁说我养不了，你不发怎么知道我养不了。③

但是，村干部对于驻村扶贫干部开展种植蔬菜粮食和养殖家畜项目的有效性提出强烈质疑、批评甚至嘲笑，认为应该靠财政兜底扶贫，争

---

① 对 SX 村第一书记的访谈，访谈编号 20180701SX。
② 对 SX 村第一书记的访谈，访谈编号 20180801SX。
③ 对 SX 村第一书记的访谈，访谈编号 20180820SX。

取上级财政支持，将低保户同时纳入贫困户，以此确保贫困户的收入水平能有效提高。

争议出现后，与委曲求全互动中的妥协、搁置争议互动中的冷处理不同，驻村扶贫干部与村干部在扶贫策略上各行其道，双方都不干涉或阻碍另一方，驻村扶贫干部甚至还为村干部提供必要支持和帮助。然而，各行其道式互动削弱了后续扶贫工作中的合作，双方工作分离的状态也重挫了贫困村的减贫脱贫效果。对此，驻村扶贫干部尤其提到财政兜底后个别贫困户变成懒汉的问题。

> 我们这种重资金赠予，养懒了村里人。比如说村里有 1 个贫困户以前还养几头猪，肯下田，现在躲在家里，拿着钱给家里装了空调，天天在家吹着空调，晚上看体育赛事，时不时玩玩抖音。白天关起门来睡觉，现在他的皮肤比我还白啊！他有 5 个女儿 1 个儿子，最大女儿今年小学六年级毕业，小升初考试成绩在我们镇排 32 名，小升初是要去镇里读，大女儿今年 9 月学费、住宿费和生活费不知道怎么办了！他还有 4 个女儿和 1 个儿子上小学和幼儿园，家里还有 70 多岁老母亲，老母亲怎么骂，他现在就是不干活。村主任是他长辈，多次做他思想工作，他就是不听。我自己也上门做了几次思想工作，他就是不听，该玩还是玩，在家等钱。把他别除贫困户名单真的活不了，能怎么办呢，为了他家里人，还是得继续把他列入贫困户。[①]

二 驻村扶贫干部与村干部互动关系的影响因素

在权力结构和政策结构的保障下，驻村扶贫干部进入贫困村庄展开精准扶贫工作，其与村干部的互动关系无疑受到诸多因素的影响，比如

---

① 对 SX 村第一书记的访谈，访谈编号 20180825SX。

"时间压力"和"利害关系"等①。事实上，这些因素主要可以分为三类：一是呈现权力和政策等宏观外部环境给互动行为施加外在支持或限制作用的那些因素，以扶贫资源规模、外部制度刚性为代表；二是反映驻村扶贫干部与村干部在镇村场域中互动受到的属地权力影响，以基层政权行为为代表；三是揭示驻村扶贫干部与村干部互动所处的复杂异质性情境影响，以贫困村村民自治状况为代表。

第一，扶贫资源规模。在精准扶贫过程中，驻村扶贫干部能够带来的扶贫资源规模是影响其与村干部互动关系的重要因素。作为乡村实践权力的代表，不管是从村庄公共利益角度考虑，还是从个人的选举政绩、获利机会等角度考虑，村干部都希望驻村扶贫干部能够带更多的扶贫资源下到贫困村庄。村干部一般对于那些能够从帮扶单位或借助精准扶贫政策、帮扶单位关系带来更多扶贫资源的驻村扶贫干部更加尊重和配合。这种相互比较的心理在乡村场域中尤其明显。在同一个县乡内，存在着来自不同帮扶单位的外部扶贫力量，他们的扶贫投入和扶贫成效往往是村干部们日常交流和比较的对象。村干部时常高看一眼那些权力层级更高、资源汇聚能力更强的驻村扶贫干部，从而影响双方的互动关系。正如多个驻村扶贫干部在调研中谈道：

> "驻村扶贫干部能够聚集的扶贫资源规模受到帮扶单位地位和资源限制，精准扶贫的资源投入应该以政府财政投入为主，要有效规避帮扶单位之间的竞争攀比，降低驻村扶贫干部在精准扶贫中的工作压力。我们都是为党工作的干部，不应该让村干部比来比去"，"像我们这个比较冷的单位，财政拨款本来就比较少，能够挤出来投入定点帮扶的钱也相应少一些。"②

这从一个侧面反映出扶贫资源规模对于驻村扶贫干部进入贫困村开展精准扶贫工作的重要影响。面对这种情况，G 省为推动精准扶贫工

---

① 郭小聪、吴高辉：《第一书记驻村扶贫的互动策略与影响因素——基于互动治理视角的考察》，《公共行政评论》2018 年第 4 期。
② 对 DX 村第一书记的访谈，访谈编号 20150831DX。

作，在2016年新时期精准脱贫三年攻坚的实施意见中，明确各级财政对扶贫开发帮扶对象按照人均2万元安排财政扶贫投入，所需资金由省、对口帮扶市、贫困人口属地市按照6∶3∶1的比例共同分担，在很大程度上化解了之前各帮扶单位帮扶资源不均的问题，为各驻村扶贫干部与村干部的良性互动创造了较为有利的相同条件。

第二，外部制度刚性。随着精准扶贫进程的推进，与扶贫相关的脱贫攻坚责任制、监督问责网络、扶贫资金监管办法等制度不断出台，运行日益规范，增强了日常精准扶贫工作的制度刚性，压缩了驻村扶贫干部对中央省市政策软执行的空间，减少了村干部通过扶贫项目获利、村庄精英俘获扶贫资源的机会，约束了类似街头官僚的自由裁量权，从而有力地保障了脱贫攻坚政治任务的实现。对于驻村扶贫干部而言，外部制度刚性的强化，能够增强其主导精准扶贫工作的能力，通过"攻心"而非"妥协"来推进扶贫工作，与村干部更容易开展合作共赢式互动；对于村干部来说，外部制度刚性的强化，迫使他们更关注村庄的公共利益，更注重脱贫攻坚政治责任，在"攻心"而非"利诱"的情况更容易与驻村扶贫干部展开协同扶贫。与此同时，一些有关贫困村的政府政策也在间接层面对驻村扶贫干部和村干部之间的互动增加了约束刚性，比如G省实施的《G省加强党的基层组织建设三年行动计划（2018—2020）》、Z省印发的《全面提升基层党建质量三年行动计划（2019—2021）》以及全国范围内开展的扫黑除恶专项斗争行动能够为驻村扶贫干部和村干部的互动关系增加外部压力，类似于SX村的搁置争议式互动，有利于让冲突的双方重新走到合作共赢、协同推进精准扶贫的工作轨道上来。

第三，基层政权行为。在精准扶贫实践中，驻村扶贫干部、村干部与乡镇扶贫办三者共同构成一个扶贫的任务共同体。虽然他们各自的职责不同，但是，以乡镇扶贫办为代表的基层政权行为对于驻村扶贫干部与村干部之间的互动具有非常大的影响。基层政权对于辖区内的贫困村精准脱贫具有属地责任，在G省新时期精准扶贫中其与帮扶单位一起接受省市考核，故而基层政权会十分关注精准扶贫指标的完成情况，做好对贫困村和扶贫工作队的管理服务工作。

镇扶贫办的定位就是服务，服务工作队，服务村，然后就是衔接上一级扶贫办。[①]

在此背景下，当驻村扶贫干部与村干部在精准扶贫工作中存在冲突时，二者都可以邀请基层政权入场，使其作为一个重要力量介入冲突处理。面对冲突，基层政权往往将乡村稳定作为推进精准扶贫工作的首要目标。

"扶贫工作对于我们镇一级政府，最大作用就是解决社会矛盾和隐患。很多东西我们有想去搞，但是我们政府没有能力没有钱，这个需要外来力量去帮我们解决。所以说我们要求扶贫单位来到我们这里之后，首先要做的就是要稳，你不能来到之后什么事都没有干，就先把我们的矛盾给激化了"，"我们会引导扶贫工作队以稳为主，要不然，村里面都不稳定的话，精准扶贫的阻力就很大，什么事情都干不了"[②]。

正如在 SX 村驻村扶贫干部与村干部之间的委曲求全式互动中，村干部求助基层政权的介入，在没有和刚性约束原则相抵触的情况下，基层政权出面说服驻村扶贫干部对村干部的利益诉求采取妥协态度，进而通过委曲求全的互动保障后续的精准扶贫工作。

第四，村民自治状况。贫困村村民自治状况是精准扶贫中的驻村扶贫干部与村干部互动的重要情境因素，不同贫困村的村民自治状况不同，为驻村扶贫干部设置了复杂的异质性情境，需要因应不同情境采取不同的互动策略。村民自治是农村基层处理公共事务的重要制度框架，当驻村扶贫干部嵌入贫困村庄时，良性运行的村民自治机制能够为驻村扶贫干部提供更多更有效的互动渠道。然而，绝大多数的贫困村都是"双薄弱"村庄，不仅村党组织的力量薄弱，而且村委会的民主治理不足，部分村干部的私人利益常常凌驾于公共利益之上，他们甚至沦为黑

---

① 对 G 省 F 镇扶贫办干部 L 的访谈，访谈编号 20161124FL。
② 对 G 省 F 镇扶贫办干部 L 的访谈，访谈编号 20161124FL。

恶势力的代表。可以预见，在村民自治失灵的贫困村，驻村扶贫干部与村干部的互动、协调成本将会大幅提升，村干部私人利益的干扰也会给互动带来各种困难和冲突，增加了精准扶贫的难度。正如 DX 村驻村扶贫干部在调研中谈到自己与村干部的互动经历，就将艰难的互动关系归因于村民自治运作失灵所致。

> DX 村两委班子成员之间矛盾较重、较多，甚至有过暴力冲突，2015 年还被县委组织部定为"织纪律软弱涣散支部"。据调查，班子成员在发展理念、行事风格、权力分配上存在分歧，导致矛盾不断积累，工作中经常争执不断，使得村两委成员很难再有更大精力为本村去争取更多的政策优惠等，导致区位优势良好的 DX 村基础设施建设还落后于周边其他村。村民对村两委现状严重不满，部分乡贤也因此对家乡投资、捐赠产生犹豫，严重影响了我们村的发展。我来到这里开展扶贫工作，经常要与两委班子两头互动，很辛苦，常常难把他们说到一块。①

正因如此，在中央和省市的精准扶贫政策中，驻村扶贫干部的一个重要工作任务便是参与和推动贫困村治理，这是构建合作共赢的互动关系、实现精准脱贫目标的重要保障。

三 驻村扶贫干部与村干部互动的责任共容逻辑

精准扶贫离不开驻村扶贫干部与村干部的共同参与，双方构成责任共同体、任务共同体，共同承担脱贫攻坚的政治责任。良好的精准扶贫绩效有利于驻村扶贫干部与村干部的政治生命，故而双方在互动中的行为选择会着重考虑其是否给整个扶贫工作带来消极影响。在任务和责任共担机制作用下，即便驻村扶贫干部与村干部任意一方破坏双方的互动关系，另一方也会为了挽救这种互动关系付出必要的努力。总之，任务与责任共同体的制度安排，影响了驻村扶贫干部与村干部施加影响的策

---

① 对 DX 村第一书记的访谈，访谈编号 20161226DX。

略选择，这是互动关系夹杂着冲突但不至于破裂的内在动因。借鉴奥尔森提出的共容性组织概念，我们把影响驻村扶贫干部与村干部互动的内在逻辑概括为责任共容逻辑。奥尔森将具有相近利益的两个组织视为"具有相容性关系"，共容强调目标、利益等的包容性、涵盖性。① 在精准扶贫实践中，责任共容则意指驻村扶贫干部与村干部基于共同的责任形成一种共容性关系，其保障双方互动处于弹性可控的关系之中。

责任共容逻辑能够发挥影响具有内在和外在两方面的条件。从内在条件来看，精准扶贫责任对于驻村扶贫干部和村干部具有内在的强激励功能。对于驻村扶贫干部来说，出色地完成精准扶贫任务能为其职业晋升创造有效条件。G 省政策明确，"脱贫攻坚实绩作为选拔任用干部的重要依据，对在脱贫攻坚中表现优秀的干部特别是干出实绩、群众欢迎的驻村干部要中重点培养，同等条件下优先提拔使用"②。调研也发现，大部分的驻村扶贫干部在驻村前或驻村后获得职务提拔。对于村干部而言，完成精准扶贫任务能够显著提升村庄收入水平、改善村庄基础设施、优化村庄治理等，通过话语转化，这些实绩能够转变成村干部的政绩，为其换届胜选提供强大助力。

从外在条件来看，一方面，驻村扶贫干部在场的嵌入型治理结构是责任共容逻辑运行的基础。通过政党动员和技术动员，驻村扶贫干部多以第一书记的身份嵌入贫困村，带来扶贫资源的同时，也为贫困村围绕着精准扶贫精准脱贫构建新的治理结构创造了机会。这种嵌入型治理结构连接着帮扶单位、属地县乡镇权力、村两委，支撑着驻村扶贫干部与村干部的良性互动。另一方面，驻村扶贫干部与村干部互动涉及帮扶单位的行政权力、属地县乡镇行政权力以及贫困村自治权力，自上而下的精准扶贫政策特别是脱贫攻坚责任制在这三种权力之间形成了责任共担的工作分工与合作安排。

总之，透过嵌入型治理结构支撑、外部制度刚性约束、责任共担体

---

① ［美］曼瑟·奥尔森：《国家的兴衰：经济增长、滞胀和社会僵化》，李增刚译，上海人民出版社 2018 年版，第 55—57 页。

② 中共 G 省省委、省人民政府：《关于新时期精准扶贫精准脱贫三年攻坚的实施意见》，2016 年 6 月 4 日，http：//www. maoming. gov. cn/zwgk/zwzl/zdlyxxgkzl/fpgzxxgk/fpzcfg/bszc/content/post_ 550446. html。

系运作、内在激励刺激，责任共容逻辑有效维持着精准扶贫中驻村扶贫干部与村干部的互动关系，保障精准扶贫政策在最后一公里能够有效落地。

第五章 "不走的工作队"：外部扶贫力量推进村庄公共治理变革及其影响

一 "不走的工作队"的村庄治理意涵

打造"不走的工作队"是中央对贫困村驻村工作队和驻村扶贫干部提出的重要任务目标。该目标并不意味着以驻村扶贫干部为主体的外部扶贫力量在贫困村、贫困户退出后不离开贫困村，而是强调驻村工作队收队以后，其制度性影响仍在，贫困村经济社会能够持续发展。这就要求精准扶贫中的驻村扶贫干部不能仅仅将贫困村、贫困户脱贫增收作为工作任务，还应该着重关注贫困村的治理能力和治理水平，通过推动贫困村庄的治理变革、推进贫困村庄的治理能力和治理体系现代化来保障被扶贫村庄的未来发展。故而，打造"不走的工作队"蕴含着深刻的贫困村庄治理意涵，存在着强化贫困村治理的深刻内在要求。

事实上，在中央、省市的精准扶贫政策中，驻村工作队和驻村扶贫干部的职责并不局限于脱贫攻坚工作，提升贫困村的治理水平是其中的重要职责。比如 2017 年 12 月中共中央办公厅、国务院办公厅出台的《关于加强贫困村驻村工作队选派管理工作的指导意见》明确了驻村工作队的十项任务："一是宣传贯彻党中央、国务院关于脱贫攻坚各项方针政策、决策部署、工作措施。二是指导开展贫困人口精准识别、精准帮扶、精准退出工作，参与拟定脱贫规划计划。三是参与实施特色产业扶贫、劳务输出扶贫、易地扶贫搬迁、贫困户危房改造、教育扶贫、科技扶贫、健康扶贫、生态保护扶贫等精准扶贫工作。四是推动金融、交通、水利、电力、通信、文化、社会保障等行业和专项扶贫政策措施落实到村到户。五是推动发展村级集体经济，协助管好用好村级集体收入。六是监管扶贫资金项目，推动落实公示公告制度，做到公开、公平、公正。七是注重扶贫同扶志、扶智相结合，做好贫困群众思想发动、宣传教育和情感沟通工作，激发摆脱贫困内生动力。八是加强法治教育，推动移风易俗，指导制定和谐文明的村规民约。九是积极推广普及普通话，帮助提高国家通用语言文字应用能力。十是帮助加强基层组织建设，推动落实管党治党政治责任，整顿村级软弱涣散党组织，对整治群众身边的腐败问题提出建议；培养贫困村创业致富带头人，吸引各类人才到村创新创业，打造'不走的工作队'。"①

根据中央的精准扶贫政策精神，G省对于驻村扶贫干部提升贫困村治理水平提出了明确要求。G省省委组织部、省扶贫开发办公室发布的《关于做好新时期精准扶贫精准脱贫三年攻坚驻村工作队和第一书记选派管理工作的意见》将提升治理水平与扶贫脱贫等并列，明确驻村工作队成员和第一书记的主要任务是抓党建、抓扶贫、抓发展、抓稳定，具体包括：第一，建强基层组织。协助配齐不健全的村"两委"班子，整顿软弱涣散基层党组织，解决班子不团结、软弱无力、工作不在状态等问题，物色培养后备干部，抓好党员队伍建设。第二，推动精准扶贫。大力宣传党的扶贫开发和强农惠农富农政策，带领派驻村开展贫困户识别和建档立卡工作，帮助村"两委"制订和实施脱贫计划，落实扶贫项目，推动贫困村、贫困户脱贫致富。第三，为民办事服务。带领村级组织开展为民服务全程代理、民事村办，协助落实乡镇领导干部驻点普遍直接联系群众制度，经常入户走访，帮助群众解决生产生活中的实际困难。第四，提升治理水平。强化村党组织的领导核心作用，帮助村干部提高依法办事能力，指导完善村规民约，落实村务公开和群众监

---

① 中共中央办公厅、国务院办公厅：《关于加强贫困村驻村工作队选派管理工作的指导意见》（厅字〔2017〕50号），2017年12月24日。

督制度，促进村级事务公平公开公正，农村和谐稳定。[①] Z 省将同步小康驻村工作组的职责定位为"一宣四帮"，即宣传党的方针政策、帮助推动经济发展、帮助改善保障民生、帮助维护社会和谐稳定、帮助加强农村基层组织建设。由此可知，在精准扶贫进程中，省市政府都在努力平衡贫困村社会治理秩序与活力，进而促进贫困村治理水平提升。

　　总之，以打造"不走的工作队"为目标，外部扶贫力量在嵌入贫困村之后，主要借助驻村扶贫干部与村干部的互动治理，以精准扶贫精准脱贫为重点抓手，在组织、人才、产业、文化、生态等多个方面开展了村庄公共治理变革，推进贫困村治理水平提升。这些治理变革并非全部浓缩在每个贫困村之中，但多点发生、不均衡分布的治理变革画面在总体上仍能反映出贫困村庄治理体系和治理能力现代化的努力和进步。基于驻村工作队和驻村扶贫干部推动治理变革形成的制度化成果，贫困村在精准脱贫之后，能够较好地衔接乡村振兴进程，推动自身的全面振兴。

二　精准扶贫中的贫困村庄公共治理变革

　　习近平总书记指出，"社会治理的重心必须落到城乡社区，社区服务和管理能力强，社会治理的基础就实了。"[②] 贫困村庄作为农村社会的独特社区类型，在精准扶贫中，同样需要做好做实村庄公共管理和公共服务工作，才能有效提升贫困村治理水平。结合 G 省、Z 省的精准扶贫实践，贫困村公共治理变革着重建强基层组织、保障村民自治、优化治理机制以提升村庄的管理能力，着重推动产业扶贫、强化公共基础设施建设、夯实社会保障以提升村庄的服务能力，打造"不走的工作队"。

---

　　① G 省省委组织部、省扶贫开发办公室：《关于做好新时期精准扶贫精准脱贫三年攻坚驻村工作队和第一书记选派管理工作的意见》，2016 年 3 月 29 日，http：//www.gdfp.gov.cn/zcfg/sfpb/201609/t20160926_795645.htm.
　　② 中共中央宣传部：《习近平总书记系列重要讲话读本》，学习出版社、人民出版社2016 年版，第 225 页。

（一）建强基层组织

许多贫困村庄由于人才匮乏、组织涣散，基层组织缺乏战斗力，无法在精准扶贫和乡村振兴中发挥领导作用。故而，扶贫开发与基层组织建设有机结合能为精准扶贫精准脱贫提供坚强的组织保证。习近平总书记在十八届中央政治局第三十九次集体学习时的讲话中指出，"很多贫困村面临着经济功能薄弱、基础设施滞后、人才持续流失、陈规陋习严重等问题，特别是基层组织力量薄弱，难以发挥带领群众脱贫致富的战斗堡垒作用。要打赢脱贫攻坚战，必须加强基层基础工作"①。对于如何加强基层基础工作，习近平总书记在河北省阜平县考察扶贫开发工作时强调，"农村基层党组织是党在农村全部工作和战斗力的基础，是贯彻落实党的扶贫开发工作部署的战斗堡垒。抓好党建促扶贫，是贫困地区脱贫致富的重要经验。要把扶贫开发同基层组织建设有机结合起来，抓好以村党组织为核心的村级组织配套建设，把基层党组织建设成为带领乡亲们脱贫致富、维护农村稳定的坚强领导核心，发展经济、改善民生，建设服务型党支部，寓管理于服务之中，真正发挥战斗堡垒作用"②。

G省省委组织部在精准扶贫中专门出台了《关于抓好党建促精准扶贫精准脱贫三年攻坚的指导意见》，明确"坚持从组织路线服务政治路线的高度，紧扣组织部门的职能，把夯实基层党组织建设同脱贫攻坚有机结合起来，充分发挥党的政治优势、组织优势、密切联系群众优势，充分发挥党组织的战斗堡垒作用和共产党员的先锋模范作用，把精准扶贫精准脱贫三年攻坚决策部署转化为各级领导班子、各级党组织、广大党员干部奋发有为的行动，实现党的建设和精准扶贫精准脱贫两手抓、两融合、两促进，夯实脱贫攻坚的基层基础，为脱贫攻坚提供坚强的组织保证"③。在中央、省市精准扶贫政策以及近两年G省专门出台

① 中共中央党史和文献研究室编：《习近平扶贫论述摘编》，中央文献出版社 2018 年版，第 44 页。
② 中共中央党史和文献研究室编：《习近平扶贫论述摘编》，中央文献出版社 2018 年版，第 32 页。
③ G省省委组织部：《关于抓好党建促精准扶贫精准脱贫三年攻坚的指导意见》，2016 年 8 月 8 日，http：//www.gdfp.gov.cn/zcfg/szbm/201610/t20161024_ 800195.htm.

的《G省加强党的基层组织建设三年行动计划（2018—2020年)》支持下，驻村工作队和驻村扶贫干部在嵌入贫困村庄后，以规范化建设、组织力提升为重点积极建强基层组织。依据省委省政府《关于坚决打赢脱贫攻坚战确保同步全面建成小康社会的决定》，Z省省委组织部也专门制定了《关于充分发挥各级党组织战斗堡垒作用和共产党员先锋模范作用推进精准扶贫的实施意见》，明确坚持"党建带扶贫，扶贫促党建"，大力加强发展型服务型党组织建设，充分发挥基层党组织在精准扶贫中的战斗堡垒作用，对领导班子和领导干部、基层党组织、党员和人才在精准扶贫攻坚中的作用发挥提出了具体要求。

DX村的驻村扶贫干部在与被帮扶村庄接洽、对接后即迅速进村入户开展调查研究和精准识别工作。在《关于DX村基本情况的初步调查报告》中，驻村工作队重点谈到DX村"两委"建设情况及其对精准扶贫工作的影响。

> DX村现有党员62名，其中在外经商、务工的约占一半。村"两委"成员现有7人，年龄结构还算合理，老、中、青干部都有。现村支委2011年上任，现村委2014年经村民"海选"上任。村"两委"成员大多没有交叉任职，村支部书记、村委会主任（不是党员）由不同成员分别担任，没有实行"一肩挑"。按有关规定，该村"两委"将于2016年12月和2017年3月分别进行换届选举工作，可能对精准扶贫工作有些影响。
>
> DX村"两委"班子成员之间矛盾较重、较多，甚至有过暴力冲突，2015年还被县委组织部定为"组织纪律软弱涣散支部"。据调查，班子成员在发展理念、行事风格、权力分配上存在分歧，导致矛盾不断积累，工作中经常争执不断，使得村"两委"成员很难再有更大精力为本村去争取更多的政策优惠等，导致区位优势良好的DX村基础设施建设还落后于周边其他村。因此，村民对村"两委"现状严重不满，部分乡贤也因此对家乡投资、捐赠产生犹豫，严重影响了村庄发展。
>
> 村"两委"班子的不团结问题已严重影响到正在进行的"精准识别"工作，村内矛盾突增，村民反映问题较多，贫困户信息

核实与公示工作只得暂停（每天村委会办公室一开门就有许多村民来反映问题，而且各村干部家里每天也都有很多村民去反映问题，村干部们顶不住压力，建议精准识别和信息公示工作暂缓）。经与县扶贫局、镇党委政府有关领导沟通，我工作队正在积极想办法调和村班子成员间的矛盾，争取消除分歧，达成共识，使"两委"成员能尽快形成一致的工作思路，以便帮扶工作的顺利开展。①

在此，DX 村驻村扶贫干部认识到建强基层党组织，抓好党员队伍建设，协助解决班子不团结等问题，对于 DX 村的精准扶贫和长远发展具有特别的意义。在精准扶贫过程中，该驻村扶贫干部积极履行第一书记责任，坚持将基层组织建设与精准扶贫相结合，着力抓党建、促团结、固基础。

首先，驻村扶贫干部积极组织村"两委"干部和全村党员开展"两学一做"活动，提高党性修养。考虑到农村工作的实际，DX 村驻村扶贫干部在组织开展"两学一做"活动时，没有单纯地以读《党章》、学讲话的形式来进行，除向党员发放《中国共产党党章》和习近平总书记系列讲话读本鼓励其学习外，更多的是结合"精准扶贫"工作，完善党建宣传阵地，制作了 1 面党建、扶贫政策宣传栏，3 面宣传牌，宣传中央的精准扶贫政策，使干部群众能够准确认识精准扶贫工作的现实意义，理解正在进行的"精准识别"工作，从而能够更多、更好地支持和配合驻村工作队的工作。

其次，驻村扶贫干部积极与县乡有关部门及领导沟通，寻求属地政府的支持和指导。DX 村班子内部矛盾由来已久，县乡有关部门及领导也曾做过大量工作，他们的支持对于化解村班子矛盾十分重要。驻村扶贫干部曾 2 次前往县委组织部了解有关情况，多次主动找乡镇有关部门和领导请示和沟通工作，有力地推进了班子矛盾化解及精准扶贫工作。

再次，驻村扶贫干部积极和村"两委"班子成员集体谈心或个别交流，协调关系。村"两委"班子部分成员之间积怨较深，关系很难

---

① DX 村驻村工作队：《关于 DX 村基本情况的初步调查报告》，2016 年 5 月 23 日。

有较明显的改观，个人恩怨严重影响到帮扶工作的进行。驻村扶贫干部多次在村"两委"会上反复说明新一轮扶贫工作的意义，搞不好团结将给 DX 村精准扶贫工作和长远发展带来巨大损失，通过"攻心"较好地促进了班子团结。

最后，驻村扶贫干部积极登门拜访村内其他党员、老干部，请教方法。DX 村有许多热心村内事务的党员群众和老干部，他们有着丰富的农村工作经验和积累多年的、行之有效的工作办法。驻村扶贫干部充分尊重他们，多次主动登门拜访了解情况，并向他们征求意见、请教方法，从中获得许多教益，不仅密切了干群关系，而且进一步丰富了精准帮扶工作思路。[1]

在调研的其他贫困村，以驻村扶贫干部为代表的外部扶贫力量同样高度重视贫困村的党组织建设，外部资源的注入也为村庄的党建活动带来了活力。正如 HK 村第一书记说道：

> 有人说贫困村的扶贫没有组织、党建没有抓手，其实扶贫的组织、引领就是党建，党建的抓手就是扶贫，两者需要联动起来。在我驻村后，我经常性突出党组织和党员在精准扶贫事务上的讨论、决策权，让党组织决策机制常态化，这样一来，扶贫与党建就能联系起来了。[2]

> 我们村以前被评为组织纪律涣散党支部，现在随着扶贫资源（资金）流到村里来，为党建活动的开展提供了物质基础，我也为村干部提供了一些党建思想素材，村干部才有了加强党建的积极性。如果我不引导村干部想民主生活会的主题，村干部一点儿动力都没有。上次"两学一做"党日活动，村支书就能自觉组织，和村里党员、积极分子深入学习习近平总书记关于精准扶贫的系列讲话，听部分老党员说，村里干部在以前都没有这种主动性呢。[3]

---

[1] DX 村驻村工作队：《DX 村驻村工作队 2016 年度精准帮扶工作总结》，2016 年 12 月 20 日。

[2] 对 HK 村第一书记访谈，访谈编号 20180110HK。

[3] 对 HK 村第一书记访谈，访谈编号 20180112HK。

JXC 村的驻村工作组在精准扶贫实践中也紧紧依靠村党组织，落实"村看村、户看户，群众看支部"理念，与村两委干部心往一处想，劲往一处使，以"两学一做"学习教育为契机，通过规范"三会一课"制度，不断强化党员干部的服务意识和发展意识，驻村期间培养村级后备干部 3 名，培养入党党积极分子 4 名，组织村干部集中学习 12 次，挂帮领导、村党支部书记以及第一书记分别上党课 4 次，开展村发展专题讨论 4 次，到农家小院宣讲党的十九大精神 30 次，进一步明确了发展思路，拉近了党群干群关系，夯实了基层组织。①

（二）保障村民自治

村民自治的有效实现关乎乡村经济社会的高质量发展。自《中华人民共和国村民委员会组织法（试行）》实施 30 多年来，村民自治契合国家与农村社会的民主需求，成为乡村公共事务治理的主要方式，保障农村社会的稳定与发展。依照《中华人民共和国村民委员会组织法》，党和国家在农村社区确立和推广村民自治制度的初衷，是希望村民通过民主选举、民主决策、民主管理、民主监督在农村基层实现自我管理、自我教育和自我服务。然而，由于我国幅员辽阔，随着乡村社会的快速变迁，不同地区农村社区的具体情况千差万别，因此在缺乏与当地实际相契合的民主议事规则和健全的制度运行机制的情况下，仅仅依托原则规定性较强而实践操作性较弱的《村组法》框架性规定，不少村庄的民主自治在实际运作过程中常常窄化为"民主选举"活动，甚至异化为少数村"两委"成员的"独断专制"，加上村务公开制度和民主监督机制的不健全，导致部分村庄内部因争夺公共事务的决策权而陷入长期的派系纷争，甚至会由于村庄集体或村民利益在少数村两委成员暗箱操作下遭受损失，而引发严重的非理性维权或者群体性事件。换言之，村庄"四大民主"发展不充分、不均衡、民主治理绩效不彰、基层协商发展缓慢等问题在部分村庄不断显现出来，村民自治实践困境受

---

① 《Z 省 JXC 村 2018 年度驻村工作总结》，2018 年 12 月 30 日。

到越来越多的关注。① 为此，党的十九大报告强调要坚持和完善基层群众自治制度，健全民主制度，丰富民主形式，拓宽民主渠道，保证人民当家做主落实到国家政治生活和社会生活之中。②

上述村民自治的实践困境在经济功能薄弱、组织力量薄弱、人才流失严重等基层基础工作薄弱的贫困村庄更为突出。要完成精准扶贫任务、打赢脱贫攻坚战，作为"外来者"的驻村工作队和驻村扶贫干部有责任保障和维护好村民自治这一公共治理框架，才能借此激发村民对于精准扶贫工作的关注和参与，培育贫困户和贫困村庄脱贫发展的内生动力。正如 JH 村第一书记在《JH 村新时期精准扶贫三年帮扶规划》中将保障村民自治作为实施固本强基扶贫工程的重要内容：

> 实施固本强基扶贫工程，要集中力量帮助贫困村解决基层治理基础性源头性问题；要建立工作制度，完善村级重要事项公开制度，完善村民自治管理监督制度，规范实施村委班子联席会议制度、党群联系会议制度、财务管理制度以及资产项目管理制度；完善村委会办公条件，整修翻新内部装修，一楼空地改造出约 30 平方米的办事大厅。③

在实践中，驻村扶贫干部主要从两个方面保障村民自治的有效运行，作为推进精准扶贫工作的重要凭借。一方面，协助属地政府部门做好"两委"换届工作，保障民主选举。驻村扶贫干部的主要任务是监督竞选的过程，配合选举工作，把有能力、有本事的人选出来，才能更好地带领贫困村发展。SX 村驻村扶贫干部开展精准扶贫期间，正赶上村委会换届，驻村扶贫干部全程参与了村庄民主选举，保障民主选举公开公正的进行，积极推动村庄民主政治发展。

---

① 于建嵘：《村民自治：价值和困境》，《学习与探索》2010 年第 4 期；冯仁：《村民自治走进了死胡同》，《理论与改革》2011 年第 1 期。

② 习近平：《决胜全面建成小康社会 夺取新时代中国特色社会主义伟大胜利——在中国共产党第十九次全国代表大会上的报告》，人民出版社 2017 年版。

③ JH 村驻村工作队：《JH 村新时期精准扶贫三年帮扶规划》，2016 年 6 月。

我参与了 SX 村村委干部换届选举办法的讨论，会议讨论确定了换届选举的基本规则：在村委会大楼设 1 个中心投票箱，7 个移动投票箱。每 1 个移动投票箱由 3 名工作人员护送到村民住宅区，这 3 名工作人员需引导指定区域的村民前往投票。此外，原则上禁止村委会主任和村委会委员候选人靠近投票箱或是其他非工作人员的无关人员尾随投票箱。村委会主任、委员候选人在村委会大楼等候，且不得离开村委会大楼。唱票、计票等均在第三场地进行。在选举当天，整个选举流程均按议定规则进行。在公正的唱票结束后，傍晚六点左右，投票结果出来。村委会主任候选人最高票数者获得 1193 张选票，由于其票数不过半，此次村委会主任选举失败。村委会委员最高票数者获得 917 张选票，由于其票数不过半，此次村委会委员选举也失败。当时，我督促村干部遵循换届选举办法的精神，不得宣布票数最高者当选，经过我与村委会讨论研究后，决定推迟一个月，重新选举。①

另一方面，以制度化为重点着重推进民主决策、民主管理与民主监督，尝试建立规范化的议事制度、村务公开制度等，深化村民自治的日常民主实践。DD 村驻村扶贫干部在描述村委工作状态时表示：

我刚来的时候，村务运行很不规范，也不常做记录。我逐步建立了一些议事制度、村务公开规定，现在村委开会常态化、规范化了许多。尤其是村务公开，以前村里的村务公开工作做得不够好，我们去的话就更严格更加完善，我们对村里的经费，包括扶贫资金，从报账、管理到使用都有一套流程，做好村务公开，我们每一年的审计还是比较完善的。②

（三）优化治理机制

无论是正式制度还是非正式制度，均是推进社会治理的重要工具。

---

① 对 SX 村第一书记的访谈，访谈编号 20180701SX。
② 对 DD 村第一书记的访谈，访谈编号 20161010DD。

正式制度是人们构建的具有规范化、强制性特点的规则，包括政治（及司法）规则、经济规则等；非正式制度则包括行为准则、伦理规范、风俗习惯和惯例等，它构成一个社会文化遗产的一部分并具有强大的生命力。正式制度和非正式制度交织在一起，从不同层面影响并制约行为主体的行为，协同推进和维护社会秩序。基层社区治理同样也不例外。20 世纪 80 年代以来，随着村民自治作为农村社区治理的正式制度被自上而下的确立和推广，原本在人民公社时代被挤压殆尽的各种非正式制度也在缓慢恢复。

然而，由于实际运作过程中村委会被行政化，"四个民主"窄化为民主选举单兵突进，以及植根于传统小农经济的非正式制度难免带有一定落后性和狭隘性等诸多问题的存在，两种制度之间尚未形成有效的衔接与合作，由此导致"无根的自治"问题的出现，即作为国家正式制度安排的村民自治制度，由于缺少来自乡村非正式制度有效的回应，而难以实现从"下乡"到"在乡"的转变，最终因嵌入乡土社会不充分而未能实现其制度设计初衷。为此，党的十九大报告提出，要健全自治、法治、德治相结合的乡村治理体系，通过推进乡村正式制度与非正式制度的良性互动，深化村民自治实践。

由于贫困村的基层基础工作薄弱，不仅其村民自治运行遭遇困难，而且其非正式制度的治理资源挖掘也不够充分。作为"外来者"的外部扶贫力量为提升贫困村治理水平，在建强基层组织、保障村民自治的同时，还积极调动非正式制度资源，构建多元化的治理机制，通过自治、法治、德治相结合，优化贫困村治理机制，增强贫困村治理能力。

一方面，驻村扶贫干部通过挖掘村庄蕴含的道德治理资源，构建起老人组、互助社等治理机制，在自治和德治之间找到结合点，有效提升精准扶贫和村庄治理效能。譬如，DD 村驻村扶贫干部发掘出的老人组治理经验就对贫困村庄治理产生了巨大影响。

DD 村驻村扶贫干部在精准扶贫过程中经常会碰到冲突，这些冲突多数与项目设立、项目推进、村务公开等议题相关。如何化解这些冲突，调动村民自身的责任感完成精准扶贫任务是驻村扶贫干部需要着重解决的问题。在工作推进过程中，驻村扶贫干部挖掘出了老人组这一非正式治理资源，并以老人组为基础成立 DD 村村容村貌领导小组解决村庄治理问题。在项目筹资、资金监管、冲突化解等方面，这一治理机制能够取得村民、能人的信任，在村庄治理过程中发挥了越来越重要的作用。DD 村的老人组是指从每个自然村抽出一两名老人组建而成的非正式组织，是村庄治理中的一支重要传统力量。对于老人组的治理效能，DD 村驻村扶贫干部非常肯定地谈道：

> 老人组说的话比我们说的话好用一百倍。一开始我们也不知道老人组的存在的，经常去村里聊天才发现老人组的存在。很多村是没有老人组的，我们这个村在老人组的基础上成立的村容村貌领导小组作用特别大。到目前为止，其他村没有哪个能筹到 200 多万，这个也不能不说是我们村民的功劳。①

> 目前来说，几乎没有村民反对我们提出的精准扶贫项目。例如基础设施里面的交通建设，我们建了十座桥，八条路，都是村民最关心的。原本我们有三个自然村的基础设施很差，另外一个自然村有个大老板扶持，搞得比那三个自然村好一些。所以在扶贫项目里面的基础设施这一项，我们只考虑了那三个自然村的基础设施。另外那个村当时老板比较大，可以到外面拉到赞助，我们的产业帮扶就到这三个自然村了。上面拨了钱，1 公里是 15 万（补助的），我们还有一年 50 万的启动资金。扶贫需要单位出钱，但是我们单位财政没有创收，半年多村里面自筹资金也很少。以前村干部自筹资金不公开，所以当时自筹资金有点难开展。后来我就跟单位说了，和村"两委"商量，让老人组带头，成立村容村貌领导小组，以村民为主，把干部排外，一个村干部都不能参与进去，让村民自筹。村干部和我只能作为顾问，里面的会计、出纳、组长这些都是村民。村民推荐后，就是村里面的一个小学校长作为领导小组组长，另外在外面做生意较大的一个老板作为出纳。我们有公章的，虽然不是很正式的，但是正规的，有到公安局备案的。毕竟是个村容村貌领导小组，这个工作很多事务是要有这个的，村务公开是需要用到公章印的，所以这个在村里面有很大作用。只有三个大村成

---

① 对 DD 村第一书记的访谈，访谈编号 20161010DD。

立了村容村貌领导小组，小村没有。这个小组成立起来后，半年之内，整个村就筹款了60万，3个村自筹了40多万。另外一个村没有干部的，只有三个大的自然村成立了村容村貌领导小组，小的自然村没有。这个小组成立起来后，半年之内，整个行政村就筹款了60万块，3个自然村自筹了40多万块。另外一个自然村没有村"两委"干部，只有一个村组长，如果村组长不带头儿的话就散了，所以就由自己组织，结果70多户，400多人共筹了50多万块。整个行政村最大一笔个人资金是10万块钱，一个老板捐的。实际上筹钱过程中，领导小组知道村里哪些老板是有钱的，这样筹款工作就容易很多。①

DD村老人组治理机制能够高效运行的重要经验是在驻村扶贫干部所代表的政治力量指引下的自治与德治结合、正式制度与非正式制度匹配。根据驻村扶贫干部的讲述，老人组是重要的德治资源、非正式制度，在此基础上成立的村容村貌领导小组则是体现自治精神的正式制度。在老人组运行过程中，简约的正式制度主要显示正式权力支持，象征意义大过实质意义，真正依靠的是老人组成员的志愿精神和道德感召力量。在老人组治理机制中，通过志愿和自治精神的有效结合，驻村扶贫干部、村干部、组干部、老人组成员各司其职，形成了政治、自治与德治多元共治的治理格局，推动着贫困村治理水平和治理绩效提升。

这个村容村貌领导小组起了很大作用，俗话说直接给钱还不如给一个好的制度。一个月之内这个小组就筹了30万，就明显看到这个小组是为村民做事的，账目很公开的，100块钱都要记录下来，所以他们是为村里做事的。我们一条路做到了5米宽，在扶贫村里是很少见的，一般是3.5米的，我们交通基础设施做得很完善。路通财通，以前茶叶老板来到这里看到交通不便，走到一半路程都不想买了。路一建起来，地瓜一下子都卖得出去了。当时是先启动一个村，看到效果了，路真的是不一样，这两年大家都买了

---

① 对DD村第一书记的访谈，访谈编号20161010DD。

车，以前不是没钱，是没路，现在茶叶卖得出去，地瓜也卖得出去，第一炮打响了，村干部做事的积极性也调动起来了。①

我们的制度比较简单，涉及的财务问题多。没有一个成文的规定的，村民们也不像我们嘛，有条条框框的东西他们会觉得烦的，所以有成文规定下来的话他们也不会看的。这个小组相对来说是比较公平的，成员都来自村里面不同行业，有校长、做生意的，有些不想当村干部，每个职位都不同的，他们都很主动，每个星期公开一次财务，我就提供了一个公章和这个机制给村里。这个不是很正式的小组，是村民自发性、志愿性的，所有财务公开都需要六个人签字的，包括小组组长、副组长、会计、出纳、书记和老人组的一位老人，我们其他人只是协助，不插手这个东西。钱是他们筹的，我们只是监督，所以不用规章制度。②

另一方面，驻村扶贫干部还积极推动村规民约的制定与更新，在此过程中注重将村规民约与法律有机衔接，让法治精神融入村规民约，深化法治思维推进乡土社会治理，将自治与法治相结合，激发贫困村庄的治理活力。JYC 社区的第一书记专门谈到如何利用村规民约来推动移风易俗，简化当地的人情困境助力精准脱贫和贫困村治理。

村里现在有一个变化，那就是移风易俗，我刚来的时候，就在推这份工作，后来出现过什么样的情况呢？我就慢慢和他们讲，打个比方"红白喜事"劳神劳力非常辛苦，因为那种事挺费脑力与体力的，得把握如何操作，花多长时间，知道要来多少人。我就推行简化程序。老百姓现在都追着我给建议。可以看出通过这些工作，老百姓开始自发提出来要移风易俗了。接下来，我们打算结合国家政策，制定相应的村规民约，引导改变村民那些传统行为，相信慢慢地村民都能接受。③

---

① 对 DD 村第一书记的访谈，访谈编号 20161010DD。
② 对 DD 村第一书记的访谈，访谈编号 20161010DD。
③ 对 JYC 村第一书记的访谈，访谈编号 20190531LMG。

我们这边人情特别多，让人特别累啊。你在这边跟姑娘说嫁到我们寨来吧，姑娘会说我嫁给你们可以，那你们得先考虑好哟！这边娶个老婆至少需要四头牛。之前有个同事，他家老人过世，杀了九头牛。结婚、过世这些活动都太铺张浪费，很多家庭的压力也很大，对贫困户来说娶媳妇也很难。我们来这里扶贫之后，开始搞村规民约，规定老人过世只能杀一头牛，提倡勤俭节约。①

（四）推动经济治理

在贫困村庄，产业扶贫是外部扶贫力量推动经济治理的主要方式，主要目标是推动集体经济发展和贫困农户脱贫致富。围绕着产业扶贫，驻村扶贫干部开展贫困村经济治理主要面临着双重突出难题。

一是如何根据村庄的资源禀赋选择和培育产业。一般而言，贫困村庄的经济基础薄弱，集体经济发展迟滞、村庄可利用的自然资源有限、经济人才匮乏。面对贫困村的资源禀赋，选择一个具有经济前景、成本可承受、风险可控制的产业推动经济治理是驻村扶贫干部的重要扶贫任务，也是对外部扶贫力量的重大挑战。正如习近平总书记在打好精准扶贫脱贫攻坚座谈会上强调，"产业扶贫是稳定脱贫的根本之策，但现在大部分地区产业扶贫措施比较重视短平快，考虑长期效益、稳定增收不够，很难做到长期有效。如何巩固脱贫成效，实现脱贫效果的可持续性，是打好脱贫攻坚战必须正视和解决好的重要问题"②。HX 村在精准扶贫中大力推动种烤烟产业改善和壮大村庄经济，村支部书记在访谈中便向我们陈述了选择种烤烟产业的因由。

像我们这种地方就是像人家说的山穷水尽的地方，办企业办不起来，大部分劳动力都跑出去了，让人家来办工厂办不成。现在有人来这里办厂亏得要死，亏了几十万。叫我们做什么都做不了，也是很头痛的。③

---

① 对 JYC 村第一书记的访谈，访谈编号 20190531LMG。

② 中共中央党史和文献研究室编：《习近平扶贫论述摘编》，中央文献出版社 2018 年版，第 83 页。

③ 对 HX 村党支部书记的访谈，访谈编号 20161124HX。

本来今天我们要到县的烟草公司去，我们的岳队长和房队长一进村就考虑到这个问题，觉得这个项目可行，群众考虑是比较恰当的，现在最适合我们这个地方的就是搞那个第三产业——种烤烟，但是种烤烟必须要有省市部署的那个点才可以，我们已经跑了六七趟到汤坑那边去，本来今天也要过去的。他们烟草公司前几天到省里开会去了，我们一下就给他们报了 300 亩的种植烤烟的申请，300 亩就要投资 15 个烤房，一个烤房要四万多块钱，15 个烤房就要七十多万。现在我们也跟他们讲了，烟草公司的经理也给了我们一百多亩的烤烟种苗，现在我们也培育好了，等省里政策出台了，马上就给我们打合同，今天叫我们过去了。①

种植烤烟是最实在的。烤烟的好处就是能改良土壤，种植一季就可以了，上半年种烤烟，下半年就还给农户种植水稻。种烤烟要施肥，肥料也不一样，你在春夏种植烤烟了以后，在秋冬插水稻就不用下那么多肥料，除除虫就可以了。种植烤烟还有补贴，如果现在种植烤烟的话，我就可以吩咐他们做工，就是剥烟笋、培培土，还有除除草，这些比较轻松的事他们是干得来的。②

另一个难题就是贫困户脱贫与产业发展如何更好地结合在一起。国家的精准扶贫政策明确，在加快产业扶贫时需完善新型农业经营主体与贫困户联动发展的利益联结机制，推广股份合作、订单帮扶、生产托管等有效做法，实现贫困户与现代农业发展有机衔接，落实经营主体带贫减贫责任。③ 为此，习近平总书记指出："发展现代农业、推广良种良法、开发特色产业，需要一定经营规模，也需要农民合作社、家庭农场等新型经营主体引领，不是随便一家一户就能干得了的。如何将产业扶持和精准扶贫有机结合起来，应该允许和鼓励地方探索。"④

---

① 对 HX 村党支部书记的访谈，访谈编号 20161124HX。
② 对 HX 村党支部书记的访谈，访谈编号 20161124HX。
③ 中共中央、国务院：《关于打赢脱贫攻坚战三年行动的指导意见》（中发〔2018〕16号），2018 年 6 月 15 日。
④ 中共中央党史和文献研究室编：《习近平扶贫论述摘编》，中央文献出版社 2018 年版，第 64 页。

RX 村探索的合作社＋贫困户产业扶贫模式成功地将贫困户与新型农业经营主体的利益捆绑在一起，通过制度化的方式完善了二者的利益联结机制。在村合作社和工作队的共同努力下，驻村工作队选定水稻种植项目开展产业扶贫。该项目立足农村实际，尝试建设现代高效农业示范基地，通过协助推进本村农田项目，积极解决在村劳动力就业，带动贫困户脱贫致富。目前该项目规划农田种植 700 亩，总投资预计 400 余万，扶贫资金投入 80 万，每年固定收益 12 万返还贫困户，同时鼓励贫困户加入村合作社，促进本地就业。[①]

RX 村精准扶贫水稻种植项目经过驻村工作队以及村委干部反复深入调研和评估，能够帮助和鼓励贫困户通过劳动就业获得长期收益，从而确保真正脱贫。RX 村驻村扶贫干部向我们描述了该项目的考察过程。

> 合作社最初是由几个农民，也就是我们自然村的村民自发成立起来的，因为当时我们村有大块土地嘛，通过成立合作社的模式，想通过现代化的农业耕作方式来种植水田。去年八九月份的时候，他们就已经在商量这个事情了，也开始租地了。当时我们村书记知道了这个情况，就跟我说能不能通过这个项目把我们村的贫困户带进来，一起做这个项目。我说可以啊。八月底的时候，我们的第一书记去走访了这个水田，你说水田我得去看看有没有田在这个地方啊。当时我们去的时候他们已经种了水稻在那个地方了，刚种下。我们看到确实是有的，已经种了 500 亩。当时第一期的时候是 700 亩的，他们已经种了 500 亩。我当时有点担心，因为这边台风大，可能会有其他问题，譬如水源好不好啊，粮食质量怎么样呀，你知道粮食要有销路，卖得出去才能赚到钱嘛。我跟书记去考察了很多次，之后我们就去沟通，前前后后都有四五个月，我们到了去年年底的时候才确定可以跟这个合作社合作，把贫困户加入这个

---

① RX 村扶贫工作队：《2016 年对口帮扶 RX 村精准扶贫工作汇报》，2016 年 11 月 15日。

项目。①

镇委书记也很关心这个项目，就跟我说你把思路理清楚，可信度高不高，有没有收益，所以我们就马上去评估这个项目啊，因为毕竟要大家支持才能做啊。为什么我们8月份说要做这个项目，但是到了12月才决定要做，中间花了4个月这么长时间就是在观察这个项目。第一个你看它水稻可不可以种，你看它已经种下去了，这个水田长势好不好，我足足观察了它四个月的时间，看它确实长得还不错，这是第一点。这几个合作社的人好好地了解了一下，去交谈、沟通，对他们的背景也要了解。②

驻村扶贫干部的担忧主要在于项目的可行性、风险性以及益贫性。可行性和风险性与项目资金的安全相关，益贫性则关乎精准扶贫目标能否实现。

作为驻村工作队，我最担心的是项目，我们必须要做的是帮助贫困户，但是项目靠不靠谱，有没有风险，有没有收益，贫困户有没有得到实惠，可行度高不高等都要考虑清楚。要是几十万投下去了，却发现项目根本做不下去，或者人跑了咋办，这都是些很现实的问题。③

我们当时去考察了，看他们怎么做，了解到它是固定投入固定产出的收益模式，政府不参与其中。当时那个情况，我们也没有更多可以参考的，当时也是问过工作组，甚至问过扶贫办的。我们市的扶贫办说行，那这个东西总是要迈出第一步的嘛，要试过才知道如何完善它。所以我就说我们可以去模仿它的这种模式，把我们的也做成这种模式，后来跟合作社进一步沟通了收益、分配、产出问题，最后达成这样一个协议。④

---

① 对 RX 村驻村扶贫工作队队长的访谈，访谈编号 20170409RX。
② 对 RX 村驻村扶贫工作队队长的访谈，访谈编号 20170409RX。
③ 对 RX 村驻村扶贫工作队队长的访谈，访谈编号 20170409RX。
④ 对 RX 村驻村扶贫工作队队长的访谈，访谈编号 20170409RX。

通过长期细致的考察，驻村工作队发现这个农业机械种养专业合作社的制度化和专业化水平较高。为了保证合作社健康、长远发展，合作社会对所有社员进行种养、机械操作、管理等知识培训，强化规模化科学化种植和管理，制定了《合作社章程》《合作社社员（代表）大会制度》《合作社财务管理制度》《合作社监事会工作制度》《合作社理事会工作制度》《合作社社务公开制度》《合作社议事决策记录制度》《合作社盈余分配制度》《合作社社员管理制度》《合作社学习培训制度》《合作社档案管理制度》等多项制度，做到制度健全、机制严密、运行规范。不仅如此，合作社对于自己的项目优势以及未来发展都有较为清楚的认知，促使驻村工作队下定决心探索合作社＋贫困户产业扶贫模式。

> 其他地方的情况我也跟合作社聊过，我问为什么你说我们这个地方种出来的水稻就好，人家就不好。合作社的负责人当时给我们提出过这样一个观点，第一就是我们这边的土地，土质不是纯海水土地，不太靠近海。第二是他们的灌溉系统直接穿过水田的，所以他们是有一个比较天然的，好的灌溉系统去做这样一个事情。第三是它的米的品种是经过选择的，不是什么米都拿去种，他们是想种一个比较高端的品种。关于销量这一块也讨论过，如果是给国家粮仓收私谷啊，利润不高，大约10%—16%，如果只卖谷销量就并不高。我们就建议说你要做不如就做全套，所以他们现在弄了台小机器回来把谷变成米，我们卖米，我们现在正申请自己的商标，然后我们有自己的包装袋，转成米之后他的利润会高很多。①

最终驻村工作队在保障贫困户利益和扶贫资金安全的前提下与种养专业合作社达成协议，让贫困户不仅能够获得固定分红，而且帮助其解决就业，进而推动精准脱贫。2017年4月27日RX村召开首次精准扶贫水稻种植项目收益分红表彰大会，合作社负责人在发言中谈到了项目的扶贫成效，即"在村委会、各位社员的民主决策下，合作社成功开

---

① 对RX村驻村扶贫工作队队长的访谈，访谈编号20170409RX。

发了近千亩农田，2016 年共产出稻谷 700 多吨，在短期内产生了相应效益。同时解决了贫困户的劳动就业，优先安排社员务工，有效促进了农户脱贫自觉性，积极主动学习机械操作技术和科学耕种技术，并通过劳动致富"①。在调研中，驻村扶贫干部也向我们谈到项目的利益联结机制及其项目成效。

> 当时我还特意为了这个事情去了解了合作社的材料，去看这个合作社是怎么成立的，万一合作社的人突然跑路了、注销了，那我这钱该怎么分，当时特意去看这些条款。这个当时为什么没有给公司去做，因为公司可能会破产的嘛，当时我们都考虑到这个因素。第二个就是我们跟合作社签订合同的时候，我们在上面也明确写上了如果遇到不可抗力因素，包括合作社解散，那剩下的钱怎么办。假如说你分了两年红了，你突然跑路说不干了，那剩下的除了成本，剩下的钱你要还给我啊，这些合同都写得很清楚了。②
>
> 我们前前后后跟贫困户开了三次会，先是村委开会，村委讨论觉得方案可行，再扩大到村组长会议，所有自然村的组长，还有三个贫困户的代表。村委会还有我们觉得这个方案可不可行，如果别人也觉得可行的话，我就召开贫困户会议，就说我们有这样的项目，同时让你产生这个就业机会。我们跟贫困户讲，贫困户不用出一分钱，按照它的流程章程进行填表、登记，就可以加入合作社，享受合作社的权益。我们这个收益是会返还给你的，一年分两次固定返还给你，你加入合作社呢，我另外再给你算工资，不论你以后自己种些什么东西啊，我们会帮着你卖，合作社会帮着你做这个平台销售嘛。还有就是借农机啊，如果你确实是需要收割，那就以最低成本价租给你去做，免费帮你去收都没有问题。讲那么多之后呢，因为他们还是有疑问的，我们就去沟通协调，我还是一一解答了。最后就自愿嘛，但我们还是鼓励你加入合作社，然后当时我们

---

① RX 村合作社负责人 CSW：《精准扶贫农业水稻项目经营情况和收益分红情况》，2017 年 4 月 27 日。

② 对 RX 村驻村扶贫工作队队长的访谈，访谈编号 20170409RX。

有十二户贫困户, 当天就有七十多户想要加入的, 就拍照啊填表啊, 做好这些资料了嘛。①

这个项目能够带动就业, 先解决了 4 个贫困户的就业问题。最开始只有一个贫困户去他那里工作, 就一男的, 种田力气活, 他也没文化嘛, 小学没毕业, 三四十来岁, 后来干开了发现不行啊, 只解决一户人不够啊, 我当时就跟村委说你要继续动员, 要一户一户走走。因为有些户是没有劳动力的嘛, 在村里面有些女的可能老公出去打工了, 有些单亲家庭的, 一个人在村里面, 他又不能外出打工, 这类人为主, 是我们的主要动员对象, 就说你去合作社打工, 后来我们又动员了三户, 三个人去那打工。女的可以帮忙晒稻谷、搬苗, 刚开始育苗的时候是一盆盆的, 她们干得了。②

Z 省的 JXC 村同样将扶贫产业的选择与培育、贫困户脱贫两个方面充分结合起来, 有效推动村级经济治理, 增强了为群众办事的服务能力。JXC 村虽然是深度贫困村, 但其自然资源和生态环境良好, 土地无污染, 距镇经济开发区仅 12 公里、城区 28 公里, 可作为开发区和城区居民的菜篮子、肉碟子、果盘子基地。针对这些"长板"优势, JXC 村大力引进和实施以种植经果林、养殖业和旅游业为主的产业扶贫项目, 推行"种植大户 + 合作社 + 基地 + 农户"的生产模式, 动员群众建设养牛基地 3 个, 养猪基地 2 个, 发展生态辣椒种植 1000 亩, 流转土地 280 亩建设"四季花果园"经果林基地, 发展经果林种植 1600 亩。与此同时, 坚持推行以"支部 + 协会 + 贫困户"的经营形式, 大力调整农业结构, 利用村委成立的丰乐种植专业合作社与种植大户开展合作, 让村 90 户贫困户和部分农户成为丰乐种植专业合作社的社员参与分红, 有效推动了村级集体经济的积累和农户的增收。目前, 村级集体经济积累 12 万元, 摆脱了空壳村的局面, 并多渠道解决了贫困户就业问题。③

① 对 RX 村驻村扶贫工作队队长的访谈, 访谈编号 20170409RX。
② 对 RX 村驻村扶贫工作队队长的访谈, 访谈编号 20170409RX。
③ 《Z 省 JXC 村 2018 年度驻村工作总结》, 2018 年 12 月 30 日。

（五）强化公共基础设施建设

"尽管中国政府实行大规模的扶贫开发工程，致力于改善贫困地区的饮水、灌溉、交通、电力等，但是贫困地区基础设施底子薄弱，加之相关部门资金投向限制，大型基础设施日趋完善同小型基础设施投资缺口加大的矛盾较为突出。"[1] 对此，G 省在推进精准扶贫工作中不仅注重加快补齐贫困地区基础设施短板，而且大力强化贫困村庄的小型公共基础设施建设。贫困村公共基础设施建设是精准扶贫中的重要任务，关系到贫困村的经济发展环境和社会生活环境。一方面，从经济发展环境来看，良好的基础设施能为产业扶贫创造更有利的条件，比如道路畅通是贫困村产品进入外部市场的重要支撑，农村信息化投入是开展电商扶贫的重要前提等。另一方面，强化公共基础设施建设能够提升村庄的社会生活水平。其中交通设施建设本身已被纳入《G 省基本公共服务均等化规划纲要（2009—2020 年）》的范畴，对于提升贫困村基本公共服务共享水平也具有重要意义。从城乡、区域或者群体的角度来看，贫困村庄的公共基础设施建设供给比较落后，是村庄经济社会发展中的重要短板。

在此背景下，基础设施建设扶贫工程成为 G 省新时期脱贫攻坚八项工程之一，要求加快交通基础设施建设、实施农村基础设施建设三年行动计划、实施贫困村农村饮水安全巩固提升工程、加快贫困地区农网改造升级、加强分布式可再生能源建设、加大农村信息化投入等。[2] G 省《关于打赢脱贫攻坚战三年行动方案（2018—2020）》进一步要求加快补齐贫困地区基础设施短板，明确要加快实施交通扶贫，到 2020 年具备通行条件的建制村全部通客车，2277 个相对贫困村通 20 户以上自然村（村民小组）村道完成路面硬化任务；大力推进水利扶贫，全面解决相对贫困人口饮水安全问题；大力实施电力和网络扶贫，到 2020

---

[1] 殷浩栋、汪三贵、曾小溪：《交易成本视角下小型基础设施减贫机制——基于彩票公益金扶贫项目的分析》，《贵州社会科学》2018 年第 2 期。

[2] 中共 G 省省委、省人民政府：《关于新时期精准扶贫精准脱贫三年攻坚的实施意见》，2016 年 6 月 4 日，http://www.maoming.gov.cn/zwgk/zwzl/zdlyxxgkzl/fpgzxxgk/fpzcfg/bszc/content/post_ 550446. html.

年基本实现行政村4G网络全覆盖和数字广播、高清电视、互联网户户通，农村电网改造升级全部完成。[①] Z省同样实施了基础设施建设扶贫行动，提出要完善高速公路路网连接通道，实施农村公路建设三年会战，实施水利建设三年行动计划，支持水利工程建设向贫困村倾斜，实施贫困地区农村水电开发，到2020年全面实现城乡居民生活用电同网同价。

根据省市的精准扶贫政策，驻村工作队和驻村扶贫干部在贫困村庄大力实施基础设施建设扶贫工程。我们在调研中发现，道路、水利等基础设施建设占据了驻村扶贫干部大部分的注意力和工作精力，所投入资金在总体帮扶资金中占据较大比重。譬如，在LK村，帮扶单位在三年多的时间内先后投入125万余元，完成6个自然村3公里村道硬底化工程，剩余的2个自然村50户200多人的自来水到户工程；投入38万元建设了村民服务中心，使该中心成为全体村民集中学习、交流和进行文体康乐活动的重要场所。[②] 在DD村，帮扶单位共投入310万元，实施"四桥""八路"的工程建设，为大钱、盐平和九龙礤村道中四座便民桥实施新建或桥面加宽改造工程，为大钱、盐平和九龙礤三个自然村铺设了合计长约5.6公里高标准水泥硬底化村道和机耕路等八条路，解决了村民的生产运输和生活出行困难。[③] 在ZS村，帮扶单位积极解决群众生产生活和安全等方面的实际问题，2016年投入资金123.59余万元，完成了洋石自然村5.2公里村道硬底化、榕江北河（拾荷段）整治、村卫生站设计变更与重建；2017年投入经费30.9余万元，完成了村文化体育广场、高锡自然村老人文化活动中心等6项民生工程设施建设；2018年投入各级各类资金158余万元，新建村20KW光伏发电站、村饮水工程、荷树墩溪背小公园等项目。[④] 在AN村，帮扶单位积极加

---

① 中共G省省委办公厅、省人民政府办公厅：《关于打赢脱贫攻坚战三年行动方案（2018—2020）》，2018年10月9日，http://www.gdfp.gov.cn/zcfg/zyzc/201901/t20190114_986130.htm.

② LK村驻村扶贫工作组：《全情投入、攻坚克难，圆满完成"双到"扶贫开发任务》，2012年12月26日。

③ DD村驻村扶贫工作队：《践行三严三实，实施精准扶贫——三年扶贫工作总结》，2016年12月25日。

④ ZS村驻村扶贫工作队、ZS村委会：《ZS村帮扶工作总结》，2019年1月5日。

强村道和路灯建设，解决"行路难"，三年间共投入 77.79 万元，村民自筹 6.36 万元，建设硬底化村道 7.65 公里，基本完成村主干道硬底化建设；为了方便群众夜间出行，投资 18.03 万元，架设路灯 117 盏，照明全程 4.6 公里，得到了广大村民的充分肯定和热烈拥护。与此同时，还积极加强农田水利设施建设，解决"灌溉难"，三年共统筹投入 102 万元，修建水利"三面光"工程共 6.8 公里，修复灌溉水渠 3.3 公里，修建 6 座陂头和 1 个小型抽水站，对 1 座危桥进行修复。[①]

现有研究表明，贫困村公共基础设施建设能够通过减少农业生产成本、减少农产品的交通运输成本、降低农户的信息成本以及降低集体行动成本，发挥出重要的减贫效益。[②] 事实上，强化贫困村公共基础设施建设不仅具有减贫效益，而且能够改善贫困村治理水平。公共基础设施关系到村庄每个人的利益，在其规划和建设过程中，可能涉及的村民投工投劳、资金捐助和监督、方案征集和选择等诸多环节都能够有效激发村民参与和民主协商，增强村庄的共同体意识，从而减低贫困村治理成本、实现共建共治共享目标。DD 村在公共基础设施建设过程中发掘和利用老人组促进贫困村庄治理就是典型例证。DX 村驻村扶贫干部的看法也反映出强化公共工程建设对于提升贫困村庄治理水平的重要作用。

我们下来搞扶贫工作，不仅要让贫困户精准脱贫，而且要让贫困村精准脱贫。贫困村的基础设施建设是全村人都拥护的，这些设施搞好了，大家都受益，大家对这方面热情很高。所以，我们的工作不能只是落到贫困户身上，其他村民及全村的利益也得兼顾。通过公共基础设施建设，能够最大限度地让村民、村干部甚至贫困户支持我们的工作，通过他们的参与，村集体认同会慢慢出来，很多工作机制能慢慢建立起来，大家的获得感和幸福感也能慢慢培养出来。所以嘛，为了便于开展精准扶贫工作，我们驻村扶贫干部也愿意搞公共基础设施建设，这个不仅看得见、受支持，而且和那些产

---

① AN 村驻村扶贫工作组：《关于我局扶贫开发"规划到户责任到人"三年工作情况的报告》，2012 年 12 月。

② 殷浩栋、汪三贵、曾小溪：《交易成本视角下小型基础设施减贫机制——基于彩票公益金扶贫项目的分析》，《贵州社会科学》2018 年第 2 期。

业扶贫项目相比见效时间快，风险小得多，能让我们干的事情在老百姓眼前更好地显现出来。①

（六）夯实社会保障

实施社会保障扶贫工程，统筹推进保障性扶贫是 G 省精准扶贫政策的重要内容。究其原因，夯实贫困村社会保障是 G 省推进基本公共服务均等化的重要任务，更重要的是，随着中国扶贫开发工作的深入推进，剩余贫困人口的特质及难度促使国家扶贫政策从单一强调开发式扶贫向坚持开发式扶贫和社会保障相结合转变，社会保障政策承担着完全或部分丧失劳动能力贫困人口的"兜底"脱贫责任。

在此背景下，单纯的扶贫开发已经不能消减贫困，除了进一步强化国家扶贫的"造血"功能，还应联动制度化程度更高的社会保障体系，对最贫困和次贫困人口进行"输血"式救助，发挥最低生活保障制度的"兜底"作用，提高脱贫质量和可持续性。② 为了更好适应新时期农村贫困的特点，拓宽扶贫的渠道，2008 年党的十七届三中全会通过了《中共中央关于推进农村改革发展若干重大问题的决定》，明确要求实现扶贫开发政策与农村最低生活保障制度有效衔接。之后，全国各地纷纷开展了扶贫与低保衔接的试点工作，突出农村低保的"兜底"作用，推动农村扶贫工作进入扶贫开发和低保救助"两轮驱动"的新阶段。2015 年《中共中央国务院关于打赢脱贫攻坚战的决定》明确提出完善最低生活保障制度，对丧失劳动能力、无法依靠产业扶持和就业帮助方式脱贫的，实行政策性保障兜底，对农村低保制度做出了新的功能定位。围绕精准扶贫和精准脱贫的基本方略，以"六个精准"和"五个一批"为抓手，民政部、国务院扶贫办等部门在 2016 年 9 月印发了《关于做好农村最低生活保障制度与扶贫开发政策有效衔接的指导意见》（以下简称《意见》），总结了全国各地关于扶贫与农村低保衔接实践中的试点经验，反映了当前贫困帮扶中各地的需求，有针对性地提出

---

① 对 DX 村第一书记的访谈，访谈编号 20150831DX。
② 陈宗胜、沈扬扬、周云波：《中国农村贫困状况的绝对与相对变动——兼论相对贫困线的设定》，《管理世界》2013 年第 1 期。

一系列实现有效衔接的指导策略。在政策衔接的内容方面，《意见》提出"应扶尽扶应保尽保"的要求，即对于符合农村低保条件的建档立卡贫困户，要按照规定程序纳入低保范围；对于符合扶贫条件的低保家庭，按照规定程序纳入建档立卡范围，并根据致贫原因的不同分类施策；对于不在建档立卡范围内的低保对象、特困人员，要求按照各地具体情况统筹使用相关扶贫开发政策。两项制度衔接是国家对新时期扶贫工作的新要求，通过一系列的政策文件，从国家层面明确规范扶贫与低保的关系，使两项制度的衔接分类层次合理，综合施策精准，避免两项制度对立化、割裂化。

扶贫开发政策和最低生活保障制度的协同实施，为农村贫困治理迎来崭新的历史性契机，对贫困地区和贫困人口的持续稳定发展具有重要现实意义，是今后较长时期内治理农村贫困的路径选择。长期以来，我国的扶贫工作和低保工作分属扶贫办和民政部两个独立的行政系统。随着宏观环境的变化和扶贫工作的深入，现阶段的农村贫困已经不仅只是纯粹的经济收入问题，还涉及农村基础设施建设、贫困人口的生计权益保障、教育、医疗、养老等社会资源公平配置等因素，联动以社会效益为导向的低保制度，推进两项制度协同作用，对提升我国农村扶贫效应具有积极的现实意义，然而，两项制度衔接的政策模糊、可操作空间大等弊端，为基层政策执行的混乱埋下了伏笔。调研发现，在扶贫与农村低保联动的政策理念下，由于村落实际情况有别、对"应扶尽扶，应保尽保"政策的解读不一等原因，不同贫困村出现了两项制度不同程度地联动，为我们展示了同一政策下不同面向的现实图景。

其一，全面联动：应保尽保。《意见》要求着力加强农村低保制度与扶贫开发政策互联互动，将符合条件的建档立卡贫困户按程序全部纳入农村低保范围，实现应保尽保，但地方在实际操作中仍需进行一定程度的政策调适。G省W市GX贫困村有96户贫困户，不管在以往的政策要求下已经被评为低保贫困户还是一般贫困户，一律予以办理低保，对此，该村的驻村干部说道：

> 我们刚来的时候，也是分一般贫困户、低保贫困户和五保贫困户，后来我们把数据收集好了，市民政局把所有贫困户都纳入了低

保，政府在财政方面支持一下。[①]

据了解，该村是 W 市里少有的率先实行贫困线和低保线"两线合一"的贫困村，通过将贫困标准和低保标准都设定在家庭人均年收入低于 4000 元，为全部贫困户办理了低保手续，通过低保救助，提高贫困户的家庭收入，强化扶贫的效益。然而，在当时 G 省仍未全面铺开扶贫和低保"两线合一"的背景下，扶贫标准和低保标准理应是不一致的，但该村所在的地方政府根据贫困村的实际情况，调整扶贫标准线和低保标准线，使其达到一致，并加大对这部分群体的配套资金投入。可见，地方政府的财政能力是低保认定数量的重要前提，通过"兜底性"的低保制度安排可以缓解扶贫开发的负担，在追求效率的同时兼顾公平。

地方政府是有决策权的，对于低保户该符合什么标准是有权力调整的，民政局给每个贫困户都办理了低保，这块关键在于政府的大力投入。[②]

此外，出于对"应扶尽扶"政策的理解，该村的 23 户低保户、24 户五保户，总共 88 人，除了个人低保之外，所有的低保户、五保户家庭均列入了贫困户，使低保户、五保户共享扶贫政策优惠，拓宽减贫渠道，低保家庭中有劳动能力的个人可以得到有针对性的差异帮扶，一定程度上避免了"等、靠、要"思想的滋生和蔓延。

其二，有限联动：灵活调适。从人口特征来看，大部分低保户的覆盖对象是含有老人、残疾人、上学儿童的家庭，因此，在对"应保尽保"政策执行的时候，有的贫困村的驻村扶贫干部和村干部会依据村里的实际情况对低保和贫困的标准做细微的修正，更注重导致家庭和个人贫困的致因，通过灵活的调整有助于瞄准真正需要帮扶的贫困户。而民政局在审批低保金的领取资格时，最常用识别标准和分类指标是致贫

---

① 对 GX 村驻村工作队队长的访谈，访谈编号 20170408GX。
② 对 GX 村驻村工作队队长的访谈，访谈编号 20170408GX。

原因。W 市 RX 村的驻村扶贫干部说道：

> 假如一个女人，带了三个小孩，如果按人头来算，她继续养下去是可以的，她的情况也是不符合低保户的要求的，但是我们就看她家里的实际生活环境，包括住房、工作，女人打一份散工，本身是赚不了多少钱的，小孩的读书费啊生活费啊，家庭压力很大的。①

该驻村扶贫干部基于自身对政策的理解，他认为在政治层面，只是将符合标准的贫困户纳入低保范围，并没有明文规定或具体要求所有贫困户都是低保户。在基层实践中，"应保尽保"和"应扶尽扶"是连接扶贫和低保的轴心，扶贫对象和低保对象的相互纳入需要遵循彼此的评定标准。

> 纳入贫困户和纳入低保分属不同部门、不同程序，扶贫和低保之间除了应保尽保，低保纳入扶贫，没有其他联系。②
>
> 扶贫是帮助困难群众，低保群众是属于困难群众的其中一类，之前在评定低保的时候民政局是有一套流程的，现在我们只是按照政策要求把原本已经是低保户的纳入为贫困帮扶对象，但是民政局也担心由于之前低保的识别并不是那么精准，所以要应保尽保，符合条件的贫困户也要纳入低保。③

因此，由于主客观原因，在该村的实践中，扶贫和低保的互认可以在政策范围内灵活调适，但二者是有边界的，两项制度的联动是有条件的。

其三，各行其道：标准主导。在理论价值上，扶贫开发侧重于优势视角，以经济效益为导向，强调运用一定的资源来帮助贫困群体摆脱物

---

① 对 RX 村驻村工作队队长的访谈，访谈编号 20170409RX。
② 对 RX 村驻村工作队队长的访谈，访谈编号 20170409RX。
③ 对 RX 村驻村工作队队长的访谈，访谈编号 20170409RX。

质贫困，尽管近年来逐渐转变为物质救助与精神救助并存，但扶贫开发仍以效率为政策价值。而低保侧重劣势视角，以社会效益为导向，注重贫困地区间、贫困群体间的公平，旨在维持人民基本生活水平，维护公平正义。在基层实践中，两项制度联动的工作对象分为扶贫对象、低保对象以及享受扶贫和低保的对象。在具体对象瞄准时，贫困统计由扶贫部门进行，采取"自上而下"的数据采集方式，低保统计则由民政局、社会事务办统计，采取"自下而上"的参与式评估方式。W 市 JS 村的村干部认为，尽管两项制度的联动具有明确的政策取向，但贫困户的认定标准和低保户的认定标准是不能混为一谈的。贫困户和低保户评定遵循的最主要指标是收入因素，贫困户的认定标准是家庭人均年收入低于4000 元，而该村低保金的领取标准是每人每月领取现金 195 元，民政局补贴 155 元，即低保户月收入 350 元，年收入 4200 元，超过了 4000元的标准贫困线。

> 我们对贫困户的认定是有标准的，他家里得因病因残没有什么劳动能力，或影响了他的劳动能力，才能领低保金。①

该村驻村扶贫干部也认为，在实践层面，两项制度各有标准，各行其道、各司其职。但是，就标准进行比较，所有贫困户应该被纳入低保。

> 贫困线才 4000 元，有什么理由不纳入低保，这么说吧，不管因病因残，说到底还是因为家里收入，没有经济能力，才要纳入低保，最终还是收入问题。②

从以上贫困村的实践看来，G 省 W 市对两项制度联动的践行采取硬性指标和弹性指标相结合的方式。硬性指标，即贫困户和低保户的评定和相互纳入都必须满足家庭人均年收入标准；弹性指标，即由基层干部走访各家各户，深入调查其贫困致因，最后综合两类指标，软性评定

---

① 对 JS 村村委会干部的访谈，访谈编号 20170409JSCGB。
② 对 JS 村驻村工作队队长的访谈，访谈编号 20170409JS。

和分配贫困户和低保户的名额。可见，不同贫困村由于对政策理解的理念和实践方法不一，如表5—1所示，推动着扶贫政策和农村低保实现不同程度的衔接和联动。

表5—1　　　　　　　　扶贫开发与农村低保联动的实践类型

扶贫与低保的联动类型	基本特征
全面联动	将建档立卡的贫困户按程序全部纳入农村低保范围
有限联动	将符合标准的贫困户纳入低保范围，并不是将所有贫困户都纳入低保户
各行其道	两项制度由两个部门各司其职，按各自的标准认定，缺乏联动

扶贫与低保联动作为新时期农村扶贫实践的创新探索，其长远意义在于保障生存权益，缩小发展差距，激活贫困地区的在地生产力。事实上，两项制度联动在实践中产生了较好的政策效益，证实了扶贫开发政策与最低生活保障制度的相互融合有助于提高农村脱贫的质量。然而两项制度联动运行的过程中，暴露出的诸多问题，包括各层级部门对政策的理解难统一、数据资源的共享难、责任失范追究难等，在一定程度上阻碍了两项制度的有效联动及联动效果。

扶贫与低保的有效联动是国家贫困治理宏观政策框架、制度结构和发展战略的整体性调整，扶贫开发是国家扶贫体系发展进程中的主导话语，而农村低保则常常被视作补充性、输血式的救助手段，这在一定程度上遮蔽和削弱了低保的扶贫功能和意义。[1]因此，明确扶贫开发与农村低保联动的政策规范，以信息共享平台作为技术支撑，加强部门间的沟通、协调，建立贫困户和低保户两种身份的转换机制，促进贫困扶助体系和低保救助体系相辅相成，是新时期农村贫困治理的现实进路。

三　外部扶贫力量推进村庄治理变革的影响及其限度

随着我国市场经济的深入发展、城镇化的加速推进以及由此带来的

---

① 刘欣：《功能整合与发展转型：精准扶贫视阈下的农村社会救助研究——以贵州省社会救助兜底扶贫实践为例》，《贵州社会科学》2016年第10期。

经济社会结构的急速转型，使得改革开放以来逐渐形成的基层治理格局，面临着治理结构不合理、机制不健全、资源保障不到位、现代化信息技术运用不充分以及由此导致的公共服务供给难以满足民生需求等难题，制约着城乡社区治理和服务能力的提升及共建共治共享社会治理格局的营造进程。贫困村庄是基层经济社会发展中的"短板"，基层基础工作薄弱、经济社会发展迟缓，面对上述难题，其治理难度更大、治理效能更难显现。在精准扶贫实践中，驻村扶贫干部等外部扶贫力量嵌入贫困村庄帮扶贫困村户脱贫致富，从多个方面推进村庄治理变革，逐步提升贫困村庄社会治理的公共性、参与性与共享性，帮助贫困村庄提升了治理水平。总体而言，面对基层社区治理遭遇的难题，外部扶贫力量通过嵌入和帮扶贫困村庄，对贫困村庄治理产生了重大而深远的影响，使得贫困村庄社会治理结构进一步优化，政治、自治、法治、德治相结合进一步实现，贫困村庄社会治理资源进一步丰富，信息技术驱动贫困村庄社会治理的条件日益具备，民生服务能力与水平进一步提升，贫困村庄社会治理的秩序与活力得以平衡发展。这些影响既是驻村帮扶的制度遗产，又是打造"不走的工作队"的治理目标，将在脱贫攻坚与乡村振兴的衔接中不断延续与优化。

其一，贫困村庄社会治理结构进一步优化。改革开放以来，我国逐渐在广大农村社区确立了以村民委员会为依托的基层群众自治制度。不过随着城乡综合改革的不断深入，特别是在快速推进的市场化和城镇化浪潮的冲击之下，既有农村社区治理结构中存在的许多不合理之处日渐显现。很多建立在行政村之上的村委会，由于行政村内过大的管辖面积和过多的自然村（村小组）之间利益相关性的不足以及治权与产权的不一致，而陷入"空转"和"悬浮"状态，难以发挥出应有的治理效能；与此同时，基层群众自治制度由于"指导"和"被指导"关系界定的不清晰，以及上级行政部门自上而下行政命令式管理惯性的存在，导致乡镇及其职能部门与村民自治组织之间的关系很难理顺，常常陷入自治组织被"附属行政化"、"过度自治化"或是"被边缘化"等困境。对于贫困村而言，由于经济社会发展中的结构性条件约束，这些贫困村往往也表现为问题村、上访村、空心村、垃圾村等，处于"被边缘化"的位置，农村治理结构存在严重缺位。随着精准扶贫政策的实施和外部帮扶力量嵌入贫困村庄，相较于之前，贫困村庄社会治理结构将进一步优化。在纵向层面，随着外部扶贫力量进入贫困村庄开展定点扶贫，驻村第一书记等便成为上级党和政府与贫困村之间的接点，从而带动治理重心下移，管理、服务、资源下沉到贫困村庄，逐步形成服务型党组织、服务型政府权力结构；在横向层面，驻村扶贫干部在精准扶贫实践中积极建强村党组织，将基层党建与基层治理相结合，让党组织在脱贫攻坚的各个环节发挥着核心作用，为构建"一核多方"贫困村庄权力运行结构奠定了坚实基础。由此，纵横双向两个层面协同优化了贫困村庄社会治理结构，也为驻村扶贫干部与贫困村庄治理主体的互动提供了有效支持。

其二，政治、自治、法治、德治相结合进一步实现。党的十九大报告提出，要健全自治、法治、德治相结合的乡村治理体系，随后又在2018年9月印发的《国家乡村振兴战略规划（2018—2022）》中，将这一要求具体化为"充分发挥自治章程、村规民约在农村基层治理中的独特功能，弘扬公序良俗"。其目的就是要通过推进乡村正式制度与非正式制度的良性互动，深化村民自治实践。然而，贫困村庄多是经济与组织"双薄弱"村庄，其村民自治运转常常失灵，难以有效动员和维护村庄的公共利益。为此，贫困村庄自治、法治、德治相结合的治理体系探索是精准扶贫中外部扶贫力量依循国家意志推动的结果，从而促使政治、自治、法治、德治相结合进一步实现。其中，政治代表第一书记、驻村扶贫干部等在精准扶贫中落实党和国家政策的制度与行为，自治表示在驻村工作队的支持下进一步保障和充实村民自治这一公共治理框架，法治是指落实省市扶贫开发条例、重视自治章程及村规民约的作用，而德治则强调发挥村庄道德资源功能。随着精准扶贫进程中贫困村庄社会治理结构进一步优化，贫困村庄的村民自治运行日益规范，民主选举、民主决策、民主管理、民主监督、民主协商的质量日益提升，在此过程中驻村扶贫干部注重发挥村规民约引导民俗民风，注重挖掘老人组等道德资源优化治理机制，从而将法治、德治内嵌于政治指导下的自治活动之中，推进政治、自治、法治、德治相融合，进而健全基层群众自治制度运行机制。

其三，贫困村庄社会治理资源进一步丰富。受到工业化、城市化所带来的"虹吸效应"影响，基层社区特别是贫困村庄面临着物质资源匮乏、公共治理人才流失、社区一盘散沙等诸多问题，基层治理需要集中解决发展不平衡不充分的难题。为此，精准扶贫通过各种方式发掘、积聚和再生产各种有助于村庄社会治理结构稳定运行和持续优化的资源。针对贫困村庄人才资源匮乏，省市加强了对第一书记、驻村扶贫干部的选派管理，严把人选资格条件，加强岗前培训，选派了一大批有政治担当、有能力水平的干部驻村扶贫，并充分发挥第一书记在基层社会治理中的带头作用和示范效应；第一书记到岗后，也积极培育年轻党员、年轻干部、经济能人等，为持续推进贫困村的脱贫攻坚与乡村振兴提供了人才保障。针对贫困村庄财政、物质资源不足，省市不断加强精准扶贫的财政投入，并动员帮扶单位、社会力量加大帮扶力度，在帮扶期间投入了大量的财政和物质资源到贫困村庄，推动贫困村脱贫攻坚。针对贫困村庄参与和整合不够，驻村扶贫干部加大了制度资源供给力度，通过建立专业合作社、构建产业扶贫利益联结机制、落实经营主体带贫减贫责任等制度机制建设，带动村户参与，提升村户认同感，驱动贫困村庄和谐共治。

其四，信息技术驱动贫困村庄社会治理的条件进一步具备。习近平总书记强调要"更加注重民主法治、科技创新，提高社会治理社会化、法治化、智能化、专业化水平，提高预测预警预防各类风险能力"[1]，以创新社会治理水平。近年来各地以"服务公众、多元参与"治理理念先行，利用数字技术的工具属性、发掘其治理属性、控制其负面影响，有效实现了数字技术对基层社会治理体系现代化建设的支撑作用。在贫困村庄，信息技术驱动贫困村庄社会治理虽然还有很长的一段路要走，但是，大数据驱动的精准扶贫实践已经为贫困村庄的智能化治理创造了一定的条件。目前，各省市都基于建档立卡的数据建立了扶贫信息系统，并进行多网对接、平台对接、信息共享，为精准扶贫提供大数据决策支撑。不仅如此，各省市还开发了相应的扶贫 App，加大对驻村扶贫干部的监督和管理。在贫困村庄如期脱贫之后，这些信息软件、信息

---

[1] 《习近平：完善中国特色社会主义社会治理体系 努力建设更高水平的平安中国》，《中国应急管理》2016 年第 10 期。

硬件以及村庄大数据将以数字乡村建设的形式支持贫困村庄脱贫攻坚与乡村振兴的衔接，支撑脱贫村庄社会治理共同体建设。

其五，民生服务能力与水平进一步提升。伴随着外部扶贫力量嵌入贫困村庄推进精准扶贫，基层党组织和基层政府积极推动管理、服务、资源下沉，落实治理重心下移，促使贫困村庄的民生服务能力大幅提升，民生服务的精准性、回应性、便捷性以及普惠性显著增强。在精准扶贫实践中，驻村扶贫干部在贫困村庄大力强化公共基础设施建设、夯实社会保障等，是对贫困村户具体需求的有效回应，经由建档立卡管理、项目制管理等，这些民生服务能够精准传递到相应的群体。不仅如此，置于城乡融合发展的背景之下，基础设施建设和夯实社会保障有利于补齐贫困村庄的公共服务短板，提升城乡公共服务共享水平。其中，交通、水电等公共基础设施建设还有利于改善未来公共服务供给的客观环境，增强党和政府提供民生服务的便捷性。

前述分析表明，外部扶贫力量嵌入贫困村庄开展精准扶贫，对于贫困村庄社会治理的结构、机制、资源、技术以及能力产生了深远影响。然而，面对后扶贫时代的脱贫村庄治理，脱贫攻坚体制下逐步形成的"不走的工作队"治理体系，的运行及功能发挥仍面临不少制约，其治理效能的限度仍需引起重视。在治理结构层面，精准扶贫中的外部扶贫力量在帮扶治理中常常处于强势地位，贫困村庄的原生治理力量参与不足、作用有限，这在一定程度上削弱了贫困村庄社会治理结构的稳定性；在治理机制方面，贫困村庄治理机制创新仍然不够，政治、自治、法治、德治相结合的治理机制，仅散点式存在于部分贫困村庄之中，机制优化程度受到第一书记个人政策水平的影响很大；在治理资源层面，相较于财政、物质资源，村治人才不足将成为未来脱贫村庄治理的重要短板；在治理技术方面，现代信息技术在贫困村庄中的应用目前仅限于精准扶贫管理决策以及精准监管上，亟须强化其在村庄治理创新和公共服务创新上的应用，进而推进数字乡村建设；在民生服务能力上，当前贫困村庄的民生服务更多关注供给而忽视后期制度化养护，且普遍带有"特惠"性质，面临着如何转向高质量"普惠"型供给的考验。

第六章　精准扶贫中贫困村庄社会治理共同体建设的逻辑机制与政策启示

　　党的十八大以来，随着精准扶贫工作的深入开展，大量的人、财、物等扶贫资源注入贫困村庄，在推动贫困村户脱贫致富的同时，也有效推动着贫困村庄的治理变革。借助国家的制度优势，精准扶贫中的外部扶贫力量积极建强党的基层组织、保障村民自治、优化治理机制、推进经济治理、强化公共基础设施建设、夯实社会保障，使得贫困村庄的社会治理效能日益显现，贫困村庄的社会治理体系和治理能力显著提升，为贫困村庄社会治理共同体建设奠定了坚实基础。贫困村庄日益内聚为一个拥有共同目标且有强大资源、网络与制度支撑的现代社会群体，参与其间的多元主体正努力构建协同解决贫困及村庄治理效能不足问题的共建共治共享治理体系。

　　十九届四中全会指出，"社会治理是国家治理的重要方面"。精准扶贫进程中贫困村庄社会治理共同体建设，能够有效反映出国家治理层面的思考和行动如何影响贫困村庄社会治理。因而，结合外部扶贫力量推进贫困村庄治理变革的实践，我们将深入探讨贫困村庄社会治理共同体建设的行动机制与内在逻辑，进而为助力脱贫攻坚与乡村振兴的有效衔接，在全国层面构建基层社会治理新格局、建设社会治理共同体提供政策启示。

一　贫困村庄社会治理共同体建设的行动机制

（一）国家在场、政经并重与贫困村庄社会治理共同体公共性重构

众所周知，贫困村庄的基层基础工作十分薄弱，不仅贫困村庄与贫困人口的生存安全匮乏，而且贫困村庄也难以有效维护和促进村民的利益，难以提升村民对于村庄共同体的信任和认同。为此，在国家的大力推动下，外部扶贫力量透过精准扶贫嵌入贫困村庄社会治理，落实以人民为中心的价值理念，增强村庄政体的公共存在，着力重构贫困村庄社会治理共同体的公共性。

一方面，发挥"国家在场"的制度优势，强化贫困村庄社会治理共同体人本情感秩序与人本理性秩序定位，着重安顿村庄贫困人口的个体安全以及共享发展。

村庄治理主体由内生型转向嵌入型变革是发挥"国家在场"制度优势的重要前提。一般来说，我国村庄权力有两种生成形式，一是行政嵌入，二是村庄内生。行政嵌入的权力来自国家强制性权力，村庄内生的权力指民间协调性自治权力，村庄中的权力构成既离不开行政权力，更离不开村庄自治权力。村庄的发展在很大程度上取决于村庄行政权力和自治权力的互动，关键在于村庄行政权力如何融入村庄自治权力。①过去，村党支部书记和村主任等多由行政村通过选举在村民内部产生，这种由"庄内人"依靠村庄内部资源的治理形式可称之为"内生型治理"。而驻村"第一书记"、驻村扶贫干部等外部扶贫力量则是"庄外人"，他们到任后将负责村庄的主要工作，这是在国家治理架构下以"外力"推动化解村庄"内部"问题的一种探索。"第一书记"、驻村扶贫干部来自上级党组织或其他党政部门、企事业单位，见多识广、思路开阔，能力强，可以将村庄问题放在更广阔的背景下予以解答，能够从新的角度、运用新的理念、新的方法分析并解决问题；此外，"第一

---

① 肖勇、龚晓、伍晓雪：《"多元"对"一元"的否定：村庄"多元"治理模式及其构建》，《社会科学研究》2009 年第 3 期。

书记"等外部扶贫力量不占村"两委"班子职数,不参加换届选举,人事关系、工资和福利待遇由派出单位承担,不仅有专门的工作经费,派出单位还要加大支持帮扶力度。这种情况下,"第一书记"等外部扶贫力量在利益上是个不折不扣的"局外人",不仅不占用村庄原有资源,而且还会给村庄带来大量的外部资源,村庄治理模式由"内生型"转变为"嵌入型"。由此,精准扶贫中"第一书记"等外部扶贫力量同时承担"国家代理人"和"村庄代理人"两种角色,如何将其代理的国家权力融入村民的自治权力是实现治理目标的关键。因此,组织选派的"第一书记"、驻村扶贫干部,不仅要从村庄整体利益出发,保护村民利益,带领贫困村和贫困户脱贫致富,更要建强贫困村党组织、支持村民自治力量、优化村庄治理机制,促进村庄治理水平提升和可持续发展。

依靠嵌入贫困村庄的外部扶贫力量,国家积极强化贫困村庄社会治理共同体人本情感秩序与人本理性秩序定位。就人本情感秩序而言,人本情感秩序强调精准扶贫关注贫困户、驻村扶贫干部等主体的情感需求和情感能量,通过以人为本的情感治理保障精准扶贫政策有效落实。[①]在精准扶贫中,情感往往与文化、价值、伦理、道德、心理交织在一起,常内隐于扶贫开发政策话语和实际工作之中。在中央的精准扶贫政策话语中,"两不愁、三保障""扶贫同扶志扶智相结合""强化脱贫光荣导向""贫困群众获得感显著增强""加强对脱贫一线干部的关爱激励"等话语,实际上凸显了国家关注贫困人口、驻村扶贫干部等的"情感工作"传统。[②] 与此同时,俗称"送温暖"的帮扶慰问也已经成为一项重要的常规扶贫工作,驻村扶贫干部需要协调帮扶单位领导、干部前往贫困村庄和贫困户慰问。正如众多扶贫工作总结提到,"三年来,厅级以上领导共 90 人次、干部职工共 213 人次到村入户帮扶慰问"[③]、"三年来帮扶单位先后派 8 批 178 人次到村开展帮扶慰问调研指

---

① 刘玉珍:《农村精准扶贫实践中的情感逻辑及其治理路径》,《云南社会科学》2019年第 5 期。

② 裴宜理:《重访中国革命:以情感的模式》,《中国学术》2001 年第 4 期。

③ AN 村驻村工作队:《AN 村扶贫开发"规划到户责任到人"三年工作情况的报告》,2012 年 12 月 26 日。

导，为脱贫攻坚和创建社会主义新农村示范村建言献策，为圆满完成脱贫任务提供助力和后盾"[①] 等。这既反映出帮扶单位及领导对于精准扶贫工作的重视，又在更深层面突出了国家代理人对于帮扶对象的情感传递，通过情缘治理，能够有效建构起情感与政治的社会关联，推进治理者与民众之间的良性社会互动，在贫困群众心目中强化国家的情感和道德形象。[②]

从人本理性秩序来看，为了让贫困人口共享发展成果，将以贫困群众为本的精准扶贫政策落到实处，在政党动员和技术动员之下，驻村扶贫干部代表国家嵌入贫困村庄，开展精准识别、精准帮扶、精准管理、精准考核，实施产业扶贫、易地扶贫搬迁、教育脱贫、健康扶贫、危房改造、扶贫扶志行动等，借助治理结构合理化以及治理行动理性化，贫困村庄社会治理共同体的人本理性秩序在国家主导下逐步建立起来。

另一方面，坚持"政经并重"，重塑村庄政体公共性。在村庄政治层面，驻村扶贫干部积极履行第一书记职责，通过为基层党建注入资源、规范基层党组织运行、强化党员队伍建设等措施，提升贫困村庄党组织的组织力和战斗力，为脱贫攻坚提供坚强的政治保障；积极保障和维护村民自治，不仅配合属地政府做好民主选举工作，而且着重推进民主决策、民主管理与民主监督的制度化，激活村民参与及民主协商，优化村民自治作为村庄解决公共问题的制度能力。

在村庄经济层面，驻村扶贫干部注重根据村庄资源禀赋选择扶贫产业，注重建立产业发展与贫困户脱贫之间的利益联结机制，透过发展农业合作社、家庭农场等新型经营主体，不仅促进集体经济发展，而且引领贫困农户精准脱贫。整体利益与个体利益的双赢重新强化了村庄成员与集体利益之间的关联和依赖，逐步恢复贫困村庄社会治理共同体的公共利益纽带。

（二）双重动员、治理网络与贫困村庄治理共同体参与性扩展

面对"乡政村治"中党的领导权和政府的行政权在基层的架构

---

① ZS 村驻村工作队：《ZS 村定点帮扶工作自评报告》，2019 年 1 月 22 日。

② 王雨磊：《缘情治理：扶贫送温暖中的情感秩序》，《中国行政管理》2018 年第 5 期。

"一条腿长,一条腿短",国家通过双重动员,不仅塑造出以驻村扶贫干部为代表的强大外部扶贫力量,而且使其有效嵌入贫困村庄之中发挥党委领导、政府负责的功能。其中,政党动员注重价值逻辑,将精准扶贫作为三大攻坚战之一纳入国家政治和政策议程,通过强化总体交换的义务话语,在全社会进行参与精准扶贫的责任动员,并且发挥党管干部原则建立"第一书记"制度,选派驻村扶贫干部落实国家精准扶贫政策。而技术动员则更多依赖技术理性,试图通过指标管理、行政问责、项目管理等技术手段,超越基层多样化治理情境和村民自治,将政府的科层化治理逻辑嫁接在贫困村庄之上,从而保障精准扶贫项目的规范、有效落实。

借助"第一书记"制度,政党动员与技术动员的双重作业在贫困村庄中塑造出联结多方主体的"接点"。驻村"第一书记"等据此开展"接点治理",进而在贫困村庄不仅发挥党的领导功能,而且联结属地政府体系与村民自治体系,化解政府权力下沉的"最后一公里"难题,推进政府负责。在此过程中,驻村"第一书记"虽是村党支部的第一把手,负责全村的全面工作,但并不意味着对农村的威权统治,其角色应是精准扶贫精准脱贫、乡村振兴的引领者、指导者、帮扶者,需要推进治理方式实现从权威到参与的变革,即一方面发挥国家的规划、引导、帮扶作用;另一方面发挥村民的主体作用和积极性,变封闭式威权治理为参与式治理。基于此,在精准扶贫实践中,双重动员之下逐步以"接点"为中心形成三大治理网络,为党组织、属地政府以及其他治理主体搭建参与平台,大力扩展贫困村庄社会治理共同体的参与性。

第一,帮扶力量汇聚网络。驻村扶贫干部在精准扶贫中积极构建以贫困村为中心、以帮扶单位为重点的帮扶力量汇聚网络,通过多种形式落实扶贫责任,形成帮扶责任共同体。譬如,JS 村的帮扶单位构建了"1 + N + X"区域化大党建格局助推精准扶贫,其中"1"指需要帮扶的党组织,"N"是指区域内党政机关、各类企事业单位等党组织,"X"是区域外各类党建和服务资源[①];GL 村的帮扶单位建立了部门领

导帮扶贫困户的结对网络。① 通过该类网络，帮扶单位将精准扶贫责任做出形式化的分解，有利于调动全体干部职工的扶贫参与积极性，在每年的扶贫济困日，GL 村的帮扶单位都通过该网络筹集大笔扶贫捐款，成为帮扶 GL 村的重要资源。不仅如此，该网络还是帮扶单位领导及其干部进入贫困村庄开展情缘治理的重要载体，JS 村的帮扶单位领导及其党员干部就不定期前往贫困村庄开展各类党员共建活动，并慰问困难党员和贫困户。

第二，精准扶贫工作网络。该治理网络以驻村扶贫干部与村干部为中心、以贫困村庄其他治理主体为依托。驻村扶贫干部在精准扶贫中不仅需要与村两委干部就具体的扶贫工作展开复杂互动，而且还需有效动员其他主体参与贫困治理，如德高望重的老人组、资源丰富的乡贤、村庄其他精英、普通村民、贫困户等，进而强化贫困村庄社会治理共同体的协同治理，有效落实精准扶贫各项工作。

第三，政府治理网络。该网络以属地县乡政府为中心、以行政科层体系为支撑，上接中央、省市政府，下联贫困村庄。作为精准扶贫履责共同体主体之一的县乡政府，在中央统筹、省负总责、市县抓落实的工作机制中，既需要通过技术动员贯彻自上而下的精准扶贫政策，又需要做好属地区域内的脱贫攻坚服务工作，甚至介入驻村扶贫干部与村干部的冲突之中，确保精准扶贫工作稳定有序进行。

（三）补齐短板、服务均等与贫困村庄治理共同体共享性提升

贫困村庄及其所在的贫困地区的基础设施建设水平、公共服务水平在区域、城乡两大维度上都比较薄弱。不仅如此，贫困村庄小型基础设施投入不足与贫困地区大型基础设施不断完善的矛盾也较为突出。故而，驻村扶贫干部在精准扶贫工作中大力补齐短板，努力实现贫困地区基本公共服务主要领域指标接近全国平均水平。

一方面，补齐公共基础设施短板。作为贫困村庄全体村民受益的最大公约数，公共基础设施不仅能够显示驻村扶贫干部的工作实绩，得到全体村民的拥护，而且能够有效激发村民参与，推进贫困村庄治理水平

---

① GL 村驻村工作队：《帮扶 GL 村贫困户结对安排表》，2013 年 9 月 29 日。

提升。随着帮扶单位的大力度投入，部分贫困村庄的基础设施建设甚至出现过剩状态。另一方面，补齐社会保障短板。强化社会保障的扶贫功能，不仅能有效落实社会保障政策的兜底脱贫责任，而且能够提升社会保障的城乡一体化程度。伴随着贫困村庄公共服务均等化，贫困村庄社会治理共同体的共享性显著提升，不仅有利于缩小区域、城乡之间的发展差距，而且让贫困人口共享改革发展成果，促进社会公平正义。

二　贫困村庄社会治理共同体建设的内在逻辑

面对乡村贫困，一系列的治理行动及其机制逐步构建起具有公共性、参与性和共享性的贫困村庄社会治理共同体。从国家治理来看，贫困村庄社会治理共同体建设实践反映出具有中国特色制度优势的"党政共责治理贫困"模式。

在精准扶贫实践中，国家意志代理人不仅是基层乡镇政权，更多来自其他各级政府机关、国有企事业单位的驻村扶贫干部、第一书记等外部扶贫力量，他们是中国党政体制下的重要国家力量，代表国家开展定点扶贫，呈现出中国特色的制度优势。对此，有研究者将其概况为"行政治理扶贫"，认为"精准扶贫、精准脱贫不能被简单地看作以往运动式治理在扶贫领域的再现和复兴，也不能完全等同于常规化的科层扶贫，这是一种混合了运动治理与常规治理的复合型治理模式，并能在有效完成治理目标的同时也实现国家治理能力的提升"[1]。"行政治理扶贫"这个实践性概念揭示了国家权力回归背景之下行政力量主导和干预农村扶贫开发的实质，但是，该概念未能精细地表达出党和政府在精准扶贫实践中的功能差异和协同关系。基于前文的研究，我们尝试提出"党政共责治理贫困"概念来概括中国脱贫攻坚制度体系的本质特征。

首先，"党政共责治理贫困"表明乡村贫困治理是包括党和政府在内的共同体成员的责任，而且党和政府在贫困村庄社会治理共同体之中应发挥指引方向、设置规则、强化监督等"元治理"功能。其次，强

---

[1]　许汉泽、李小云：《"行政治理扶贫"与反贫困的中国方案》，《探索与争鸣》2019 年第 3 期。

调将政党带进来，党和政府都是治理乡村贫困不可或缺的主体，二者共同决策和分享治理的责任。在精准扶贫和贫困村庄社会治理共同体建设实践中，党组织不仅设置脱贫攻坚的政治议程，而且积极贯彻群众路线，坚持组织路线服务于政治路线，发挥党管干部原则选派驻村工作队和第一书记，推动党建扶贫，把基层党组织建设同脱贫攻坚有机结合起来；政府及其组成部门则围绕着脱贫攻坚协同出台行业扶贫政策，形成各级政府的"1＋N"精准扶贫政策体系。再次，"党政共责治理贫困"的终端代理是驻村第一书记或其他驻村扶贫干部，其作为共责的"接点"，既能在贫困村庄场域中发挥党组织领导作用，又能连接属地县乡政府、打通管理、服务、资源下沉的最后一公里，代表党和政府主导和干预精准扶贫。最后，"党政共责治理贫困"揭示出中国党政体制的治理逻辑。运动式治理和常规科层治理都是中国党政体制生存和发展的内在特征，二者分布在国家治理工具系谱上，在某些领域甚至能够协同发挥作用。在定点扶贫中，政党动员塑造外部扶贫力量具有部分运动式治理特征，而技术动员下的精准扶贫则具有典型的科层制治理特征，二者协同不仅有效落实国家的反贫困责任，还创造和发展出新的理性化制度。

基于国家与社会关系的"国家中的社会"架构，从社会治理的国家视角来看，国家是社会的手段，社会是国家的目的。"党政共责治理贫困"在实践中构建贫困村庄社会治理共同体，其背后蕴含着服务、民生与整合"三位一体"的国家治理逻辑，如图6—1所示，助力国家治理体系与治理能力现代化。

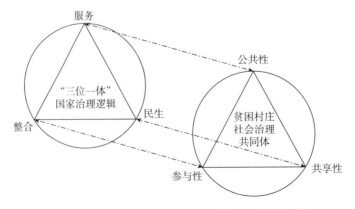

图6—1　贫困村庄社会治理共同体建设的内在逻辑

（一）服务逻辑与共同体公共性

国家治理体系和治理能力现代化迫切需要加强服务型政党建设、服务型政府建设以及服务型社会组织建设。"国家治理现代化的公共服务路径就在于形成政党、国家和社会的有机匹配，建立起服务型政党、服务型政府和服务型社会组织的'三维'联动匹配的宏观治理框架。"[1]精准扶贫中的贫困村庄社会治理共同体建设便在乡村领域深刻地体现出国家治理的服务逻辑。

一方面，贫困村庄社会治理共同体建设带动治理重心下移，驱动国家与社会关系转换以及党政服务功能有效发挥。正如前文所言，"国家中的社会"架构在理论上阐释了"社会治理是国家治理的重要方面"的意涵，精准扶贫则在实践层面揭示出国家与社会关系向"国家中的社会"架构演进的过程。在国家未大规模启动精准扶贫之前，国家与贫困村庄之间的关系是一种常规的国家与农村社会关系，以悬浮化为主要特征。[2] 随着扶贫开发的深入推进，特别是十八大以来，中央大力推动精准扶贫，驱动着常规的国家与农村社会关系发生结构性转换。国家权力透过政党动员和技术动员，嵌入贫困村庄再次回归农村社会，赋予了扶贫进程中的国家与农村社会关系新意涵，以国家权力嵌入村庄社会为主要特征。

具体而言，国家与农村社会关系集中体现于国家—农民关系。自20世纪80年代村民自治实施以来，以乡镇政权为代表的国家权力在支持村民自治发展的同时，仍持续不断地依照"嵌入式控制"权力运行逻辑与农民互动，从农村社会汲取各种资源。即便如此，随着村民自治日益发展完善，相较于人民公社时期，国家对于农村社会的控制在总体上仍呈现出减弱趋势。新世纪初期农村税费改革带来的意外后果则进一步加剧了这种趋势。正如周飞舟所言，"税费改革的结果是使得乡镇政府处于'半瘫痪'状态，政府不是能够更加完善、周密地提供公共服

---

[1]　胡志平：《国家治理现代化的公共服务路径》，《探索》2015年第6期。

[2]　周飞舟：《从汲取型政权到"悬浮型"政权——税费改革对国家与农民关系之影响》，《社会学研究》2006年第3期。

务、维持一方平安，而是在国家和农民中间造成一种'真空'状态"①，从而使国家权力悬浮于农村社会之上，形成国家权力从农村社会撤退的意外后果。故而，"悬浮型"政权的形成表现为自上而下的"权力脱嵌"过程，呈现常规的国家与农村社会关系，集中反映出较长时期内国家权力从农村社会退出的悬浮化趋势。

相较于悬浮化的常规国家与农村社会关系，近年来，国家大力推动的农村精准扶贫开发实践则为国家与农村社会关系转换提供了契机。在精准扶贫进程中，国家通过农村扶贫开发的高度动员和有效组织，又再度自上而下的下沉、嵌入到农村社会的贫困村庄之中，以回应"嵌入式治理"诉求，建设贫困村庄社会治理共同体。不过，在贫困村场域内，此次代表国家力量发挥关键作用的不仅是基层乡镇政权，更多的是其他各级政府机关、国有企事业单位为帮扶贫困村发展而派驻的驻村工作队、驻村扶贫干部等外部扶贫力量。

面对国家基层政权的"脱嵌化"和"悬浮化"，陈锋倡导基层政权的治理机制应借助服务型政府建设的契机探索积极的"嵌入式治理"，将国家权力嵌入村庄社会的结构、关系与规范之中，推动农村社会治理走向善治。② 于是，作为国家在场的体现，外部扶贫力量进入贫困村庄积极建强基层党组织，在基层自治、经济治理、基础设施建设、社会保障等公共治理活动中发挥党建引领贫困村庄治理的功能；积极嵌入属地政府县—乡—村权力关系，嵌入村庄内部治理结构，推进解决政府治理下沉的"最后一公里"难题，实现政府负责。由此，在贫困村庄场域内，因应纵向层面的国家与社会关系转变，横向层面逐步形成党组织领导、政府负责、社会协同、村民参与的治理结构，纵横双向共同推进服务型政党、服务型政府功能发挥，推进贫困村庄社会治理体系现代化。

另一方面，贫困村庄社会治理共同体建设积极重构公共性，驱动村庄政体增强服务功能。政党和政府向贫困村庄下沉，并未选择削弱村民自治和村庄治理资源的作用，而是借助国家在场的制度优势强化贫困村

---

① 周飞舟：《从汲取型政权到"悬浮型"政权——税费改革对国家与农民关系之影响》，《社会学研究》2006 年第 3 期。

② 陈锋：《论基层政权的"嵌入式治理"——基于鲁中东村的实地调研》，《青年研究》2011 年第 1 期。

庄人本秩序定位、在政经两个层面构筑贫困村庄的公共治理能力和公共利益纽带，进而提升贫困村庄的组织服务能力，与政党和政府的下沉服务相互协同，助力基层治理现代化。

（二）民生逻辑与共同体共享性

贫困村庄社会治理共同体建设凸显现代国家构建的民生国家面向，直面以人民为中心的民生发展问题。发展政治学理论表明，"政治发展将依次完成五大任务：（1）完成统一国家建设，形成统一的国家主权；（2）确立完整的政治—行政体系，树立统一的政治权威；（3）实现经济'起飞'，完成经济改造和基本建设；（4）扩大政治参与，普及选举，完善政党制度，完成政治民主化改造；（5）解决公平问题，普遍改善社会福利。"[1] 据此，现代国家可以视为民族—国家、民主—国家、民生—国家三足鼎立的统一体，现代国家构建则是一个异常复杂的复线故事。[2] 从个体与共同体之间的关系来看，民族—国家旨在解决统治权行使范围的主权国家问题[3]，民主—国家、民生—国家则着眼于构建落实公民权责的公民国家问题。民主—国家是从政权层面构建国家治理的制度体系，民生—国家则是从治权层面强调以人民为中心价值的国家治理活动。为了确立主权，保障民权，改善民生，在各民族—国家交往以及国家、市场与社会的互动之中，现代国家呈现出地域国家、管理国家、行政国家、税收国家、预算国家、市场国家、福利国家、法治国家、民主国家、民生国家等多个功能与角色面向，每个面向都代表着一个国家构建的主题故事。[4]

置于新中国国家构建的宏大历史情境中，贫困村庄社会治理共同体建设直面经济社会发展中的公平问题，蕴含着改善人民福祉、促进公平正义的民生逻辑。"所谓民生国家，是指以民生利益需要为本原基础、以民生利益满足为动力原因、以民生幸福公平为目的价值、以保障改善

---

① 燕继荣：《发展政治学》，北京大学出版社 2010 年版，第 48 页。

② 叶本乾：《现代国家构建中的均衡性分析：三维视角》，《东南学术》2006 年第 4 期。

③ 徐勇：《"回归国家"与现代国家的建构》，《东南学术》2006 年第 4 期。

④ 蒋红军：《城市化进程中农民身份转换研究》，中国社会科学出版社 2015 年版，第 198 页。

民生为重点职能、以民生制度体系为表现形式的民生政治现象及其国家形态。"① 自 2002 年党的十六大报告使用"民生"概念以来，保障和改善民生已经成为党治国理政的基本方略之一，从而开创了中国的民生国家构建道路。"当前中国面临着生存型民生问题、发展型民生问题、发达型民生问题相互叠加相互交织的挑战，这就需要进一步推进民生国家建设。"② 乡村贫困在本质上集中反映出区域、城乡发展的非均衡性和非协调性问题，对于社会发展的公平与正义带来巨大挑战。因而，精准扶贫精准脱贫基本方略事实上直指生存型民生问题，脱贫攻坚战最直接、最有效地凸显出民生国家建设的紧迫性和必要性。

民生国家构建的思想基础是社会公平理论，发展路径则是将其置于社会治理共同体视域中，落实以人民发展为中心的思想，改善人民福祉。据此，破解乡村贫困难题的关键就在于落实"共享"，以贫困地区、贫困人口共享经济社会发展成果促进社会的公平与正义。正如习近平总书记指出，"我国经济发展的'蛋糕'不断做大，但分配不公问题比较突出，收入差距、城乡区域公共服务水平差距较大。在共享改革发展成果上，无论是实际情况还是制度设计，都还有不完善的地方。为此，我们必须坚持发展为了人民、发展依靠人民、发展成果由人民共享，做出更有效的制度安排，使全体人民朝着共同富裕方向稳步前进，绝不能出现'富者累巨万，而贫者食糟糠'的现象"③。贫困村庄社会治理共同体建设事实上是国家治理的民生逻辑的深化与延展，着重针对生存型民生问题，强调"两不愁、三保障"，大力补齐公共基础设施和社会保障短板，促使贫困地区基本公共服务主要领域指标接近全国平均水平，通过提升共同体共享性，诠释中国构建民生国家的主题故事。

（三）整合逻辑与共同体参与性

中国要建设成为一个富强、民主、文明、和谐的社会主义现代化国

---

① 刘俊祥：《民生国家论——中国民生建设的广义政治分析》，《武汉大学学报》（哲学社会科学版）2013 年第 4 期。
② 鄢一龙：《新时代与民生国家建设》，《中央社会主义学院学报》2018 年第 1 期。
③ 中共中央党史和文献研究室编：《习近平扶贫论述摘编》，中央文献出版社 2018 年版，第 9 页。

家，需要有强大的国家治理能力作为保障，特别是基础性国家能力不能太弱。迈克尔·曼从国家专制权力和国家基础权力两个层面讨论国家能力。[1] 前者强调国家自主行动的范围，后者则强调国家在各统治领域内有效落实其意志和政策的能力。王绍光将后者称为基础性国家能力，包括强制能力、汲取能力、濡化能力、国家认证能力、规管能力、统领能力、再分配能力、吸纳和整合能力共八项基础能力。[2] 贫困村庄社会治理共同体建设高度重视扩展参与性，深刻体现出国家治理的整合逻辑，意图透过贫困村庄内外的参与及整合，提升以整合能力为重点的国家治理能力。

第一书记、驻村扶贫干部等作为"国家在场"的代表，他们积极嵌入属地县—乡—村权力关系，进入贫困村庄将基层党建与基层治理有效结合起来，将属地政府体系与村民自治体系有效联结起来，将外部帮扶力量与村庄内部资源有效对接起来，搭建起帮扶力量汇聚网络、精准扶贫工作网络、政府治理网络，不仅将外部社会帮扶力量、各级政府扶贫资源整合进贫困村庄脱贫与治理活动，而且将大量的贫困人口吸纳、整合进贫困村庄公共政治生活和公共治理活动，从而有效提升国家对于农村弱势人群的整合能力，增强城乡融合治理能力。

三 贫困村庄社会治理共同体建设的政策启示

贫困村庄社会治理共同体是国家建设视域下外部扶贫力量嵌入被扶贫村庄治理的目标指向，其建设过程集中反映出驻村扶贫干部等外部扶贫力量推进村庄治理变革的行动实践与逻辑机制，进而透过提升村庄治理水平保障精准扶贫。2020 年后，所有出列的贫困村庄将进入乡村振兴的新政治议程，继续在乡村振兴制度框架和政策体系内完善村庄治理，最终实现乡村振兴总要求中的"治理有效"。因此，立足"两个一百年"奋斗目标对农业农村工作领域的新要求，从脱贫攻坚与乡村振

---

① ［英］迈克尔·曼：《社会权力的来源》（第二卷），陈海宏等译，上海世纪出版集团2015 年版，第 69 页。
② 王绍光：《国家治理与基础性国家能力》，《华中科技大学学报》（社会科学版）2014年第 3 期。

兴有效衔接提升乡村治理水平的角度，我们需要认真总结精准扶贫进程中贫困村庄社会治理共同体建设的体制机制经验及其政策启示，助力脱贫攻坚与乡村振兴的政策转移接续，在相互衔接中优化乡村治理。

一是坚持国家在场，推动"党政共责治理贫困"向"党政共责推进振兴"转型。按照《中华人民共和国村民委员会组织法》，农村施行村民自治，村民委员会是村民自我管理、自我教育、自我服务的基层群众性自治组织。然而，基于"国家中的社会"架构，"社会治理是国家治理的重要方面"，乡村有效治理仍离不开国家权力的大力支持，乡村治理中的自治、法治、德治有机结合需要在政治的指导下进行。不管是脱贫攻坚还是乡村振兴，乡村治理需要坚持国家在场，要把党委领导带回到农业农村工作领域的中心位置，加强党对农村工作的全面领导，施行"党政共责推进振兴"。在乡村振兴中，党和政府要在乡村治理中发挥元治理功能。其中，党组织应坚持组织路线服务于政治路线，继续选派驻村第一书记，把村党组织建设与乡村振兴结合起来；各级政府部门则应围绕乡村振兴协同出台政策，构建"1＋N"乡村振兴政策体系。在此基础上，通过政党动员与技术动员的双重运作，党和政府将共同承担乡村振兴的决策与治理责任。

二是坚持中央统筹、省负总责、市县抓落实的工作机制，夯实"五级书记一起抓"乡村振兴。精准扶贫能够取得显著成效，离不开一整套的脱贫攻坚领导责任制体系，包括"五级书记"一起抓工作落实的领导责任制，"中央统筹、省负总责、市县抓落实"的工作机制，以逐级报告和督查巡查为重点的考核问责激励机制等。实践证明，这套体制机制行之有效，能够增强政治担当、压实政治责任、层层传导压力，把脱贫攻坚与乡村振兴作为新时代农业农村工作的两大重要战略任务衔接推进，服务社会主义现代化建设进程。[①] 目前，这套体制机制已经纳入乡村振兴的顶层设计之中，在适度调适制度惰性之后，其将与"党政共责推进振兴"模式一道，有效巩固脱贫攻坚的成果，积极解决乡村治理中的新情况与新问题。

---

① 汪三贵、冯紫曦：《脱贫攻坚与乡村振兴有效衔接的逻辑关系》，《贵州社会科学》2020 年第 1 期。

三是坚持政府、市场、社会协同，推动"大扶贫格局"向"大乡村振兴格局"转型。自精准扶贫攻坚战打响以来，围绕脱贫攻坚目标任务，国家坚持发挥政府投入主导作用，坚持与社会组织、企业合作，推进政府、市场、社会之间的信息共享和资源统筹，构建起专项扶贫、行业扶贫、社会扶贫"三位一体"的大扶贫格局，从而广泛动员扶贫资源，调动各方面力量和优势，共同攻克农村绝对贫困这一短板。乡村振兴相较于脱贫攻坚，其政策目标对象更大更难聚焦、区域平衡差异更大、群体诉求更加多元化[①]，故而，乡村全面振兴的一个重要前提就是如何确保资源投入力度与乡村振兴任务相适应。基于"大扶贫格局"经验，构建"大乡村振兴格局"有利于整合政府、市场、社会各领域中的资源，共同破解这个带有全局性整体性的乡村发展问题。"大乡村振兴格局"不仅强调政府主导作用，而且比脱贫攻坚更加重视市场竞争机制、社会志愿机制作用的发挥，从而进一步创新资源动员机制、乡村治理机制，提升乡村多元共治的治理效能。

四是坚持公共性、参与性与共享性三维并重，推动"贫困村庄社会治理共同体"向"乡镇社会治理共同体"转型。在精准扶贫进程中，基于公共性、参与性与共享性三维框架的贫困村庄社会治理共同体建设，有效指导了驻村扶贫干部等外部扶贫力量推进村庄治理变革，极大地提升了贫困村庄的治理水平。进入乡村振兴新议程之后，共同体视域下的乡村治理单元不应再局限于贫困村庄，而应立足乡村发展实际，将乡村治理单元上移到乡镇层面，通过建设乡镇社会治理共同体，加强基层政权建设，健全以党组织为核心的组织体系，促进自治、法治、德治有机结合，从而能够在国家与社会的交汇面构筑强国家—强社会的社会治理共同体，驱动健全政治、自治、法治、德治相融合的现代乡村治理体系。乡镇社会治理共同体的建设理念已经被吸纳进《国家乡村振兴战略规划（2018—2022 年)》之中，再次体现出在精准扶贫之后对于国家治理精细化理念的遵循。借鉴贫困村庄社会治理共同体建设经验，乡村振兴中的乡镇社会治理共同体建设要以创新基层管理体制机制、健全

[①] 左停：《脱贫攻坚与乡村振兴有效衔接的现实难题与应对策略》，《贵州社会科学》2020 年第 1 期。

农村基层服务体系为重点，以农村基层党组织、村民委员会、集体经济组织、社会组织的振兴为中心，聚焦共同体的公共性、参与性与共享性推进乡村治理现代化。

结　语

　　"消除贫困、改善民生、实现共同富裕，是社会主义的本质要求。"[1] 长期以来，党和国家对乡村贫困的重视程度不断提高，扶贫力度不断增强，贫困治理政策先后经历面向普遍性贫困的扶贫时期、面向区域瞄准的扶贫时期、面向村级瞄准的扶贫时期，使得农村贫困人口的规模和贫困发生率大幅下降。党的十八大以来，农村扶贫工作进入精准扶贫新阶段，提出打赢脱贫攻坚战，推动实现 2020 年所有贫困地区和贫困人口一道迈入全面小康社会。在此背景下，精准扶贫成为党中央治国理政的重要方略，精准脱贫的国家行动对于乡村社会发展、乡村治理乃至国家治理都将产生直接而广泛的深远影响。

　　为推动精准扶贫，与单纯依靠属地管理的乡镇政府开展扶贫开发的传统做法不同，国家通过政党动员和技术动员塑造出强大而又制度化的外部扶贫力量，以驻村"第一书记"和驻村工作队为代表，作为国家意志的代理人下沉、嵌入被扶贫村庄开展"定点"精准扶贫精准脱贫工作。根据国家和省市的精准扶贫政策，外部扶贫力量在贫困村庄的主要工作是抓党建、抓扶贫、抓发展、抓稳定，不仅要带领贫困地区、贫困人口脱贫致富，更要提升贫困村庄治理水平，补齐贫困村庄治理短板，推进基层治理现代化，为国家治理现代化提供基础性支撑。

　　回望中国现代国家的成长历程，从"建构主权国家"到"优化治理体系"是理解其演进与变迁的一条重要脉络。因而，从国家建设视

---

　　[1]　中共中央党史和文献研究室编：《习近平扶贫论述摘编》，中央文献出版社 2018 年版，第 3 页。

域来看，精准扶贫中的贫困村庄治理就是优化治理体系的一个重要组成部分，作为一个特殊的乡村治理类型契合了国家建设与国家治理的内在需要。

党的十九届四中全会提出，"社会治理是国家治理的重要方面"。在理论层面，该论断促使我们重新思考国家与社会关系，挖掘"国家中的社会"关系内涵。国家对于社会而言是"必要的善"，社会治理及社会治理共同体建设不能忽视国家的视角。从社会治理的国家视角出发，社会治理共同体面临着政治共同体与社会共同体的互动情境，通过公共性、参与性与共享性三个维度，实现人人有责、人人尽责、人人享有。这既为精准扶贫中的村庄治理提供方向指引，又勾勒出贫困村庄社会治理共同体建设的重要理论命题。贫困村庄社会治理共同体建设离不开国家的视角，将其置于国家建设语境中才能更深刻地理解中国特色脱贫攻坚制度体系的价值与功能。

在实践层面，精准扶贫面临的基本结构情境是乡政村治以及党的领导权和政府的行政权在行政村的架构"一条腿长，一条腿短"。为此，经由政党动员和技术动员，体现国家在场的第一书记、驻村扶贫干部等代理人在外生性利益密集的贫困村庄中发挥着定方向、立规则、建平台的"元治理"功能。基于"党政共责治理贫困"模式，他们积极开展"接点治理"，以复杂异质情境中的驻村扶贫干部与村干部互动为基点，逐步搭建起帮扶力量汇聚网络、精准扶贫工作网络、政府治理网络三大平台，把基层党组织、属地县乡政府、基层群众性自治组织、社会组织、企业、帮扶单位以及村民等治理主体置于共责的网络之中，通过建强基层组织、保障村民自治、优化治理机制、推动经济治理、强化公共基础设施建设以及夯实社会保障等推动村庄公共治理变革，使得"不走的工作队"的治理效能不断释放。

该治理过程彰显出贫困村庄社会治理共同体建设的三大行动机制，即国家在场、政经并重与贫困村庄社会治理共同体公共性重构；双重动员、治理网络与贫困村庄治理共同体参与性扩展；补齐短板、服务均等与贫困村庄治理共同体共享性提升。而其背后则蕴含着服务、民生与整合"三位一体"的国家治理逻辑。贫困村庄社会治理共同体是新时代精准扶贫进程中形成的具有特殊治理资源、社会网络和治理内容的空间治理形态。作为一种独特的微观场景，贫困村庄社会治理共同体研究不仅能够深化社会治理共同体的理论认知，而且能够拓展精准扶贫的认知向度，助力精准脱贫与乡村振兴的有效衔接。

立足"两个一百年"奋斗目标对农业农村工作领域的新要求，聚焦于脱贫攻坚与乡村振兴衔接中的乡村治理，国家建设视域下外部扶贫力量嵌入并推动贫困村庄社会治理共同体建设，为脱贫攻坚与乡村振兴的政策转移接续提供了诸多政策启示：一是坚持国家在场，推动"党政共责治理贫困"向"党政共责推进振兴"转型；二是坚持中央统筹、省负总责、市县抓落实的工作机制，夯实"五级书记一起抓"乡村振兴；三是坚持政府、市场、社会协同，推动"大扶贫格局"向"大乡村振兴格局"转型；四是坚持公共性、参与性与共享性三维并重，推动"贫困村庄社会治理共同体"向"乡镇社会治理共同体"转型。

诚然，上述研究认知尚有进一步的讨论和反思空间。精准扶贫精准脱贫方略要实现预定的减贫目标，建成人人有责、人人尽责、人人享有的贫困村庄社会治理共同体，不仅仰赖于自上而下的"党政共责治理贫困"模式，而且离不开乡村社会的参与以及促进精准扶贫政策落地的社会基础。社会治理共同体建设离不开国家视角，但也不能忽视来自社会的治理机制，尤其在那些社会协同与公众参与活跃的治理情境中更是如此。故而，贫困村庄社会治理共同体仍潜藏着因忽视村庄社会逻辑、农民生活逻辑而出现的共同体风险。① 与此同时，贫困村庄社会治理共同体建设还面临着驻村扶贫工作队撤出以后如何保持可持续性发展与治理、回归属地县乡常规治理之后如何实现党领导下的政府治理和社会调节、村民自治良性互动等诸多挑战。在国家视角之外，反思这些问题，虽然不是本书的主旨所在，但其有助于提醒我们在研究和总结贫困村庄社会治理共同体建设经验时，始终不应忽视社会力量的成长和壮大议题，强国家—强社会关系模式依然是新时代国家治理的理想选择；社会治理共同体的实现机制是复杂的，需要兼顾特殊性和普遍性的统一，才能真正构建起共建共治共享的社会治理格局。

---

① 吴晓凯：《精准扶贫过程中村庄共同体风险及其治理探索——基于 G 省长村扶贫实践的调查》，《兰州学刊》2020 年第 1 期。

参考文献

一、著作

［印度］阿马蒂亚·森：《贫困与饥荒》，王宇、王文玉译，商务印书馆 2012 年版。

［法］埃米尔·涂尔干：《社会分工论》，渠敬东译，生活. 读书. 新知三联书店 2017 年版。

［英］安东尼·吉登斯：《社会的构成》，李康、李猛译，生活·读书·新知三联书店 1998 年版。

［美］彼得·埃文斯、［美］迪特里希·鲁施迈耶、［美］西达·斯考克波编著：《找回国家》，方力维、莫宜端、黄琪轩等译，生活·读书·新知三联书店 2009 年版。

曹锦清：《黄河边的中国》，上海文艺出版社 2000 年版。

邓正来、［英］J. C. 亚历山大编：《国家与市民社会：一种社会理论的研究路径》，中央编译出版社 2005 年版。

杜润生：《杜润生自述：中国农村体制变革重大决策纪实》，人民出版社 2005 年版。

［美］杜赞奇：《文化、权力与国家：1900—1942 年的华北农村》，王福明译，江苏人民出版社 2020 年版。

［德］斐迪南·滕尼斯：《共同体与社会——纯粹社会学的基本概念》，林荣远译，商务印书馆 1999 年版。

复旦大学历史系、中外现代化进程研究中心编：《近代中国的乡村社会》，上海古籍出版社 2005 年版。

郭忠华：《现代性理论脉络中的社会与政治——吉登斯思想地形图》，上海人民出版社 2010 年版。

贺雪峰：《乡村治理的社会基础》，中国社会科学出版社 2003 年版。

［德］黑格尔：《法哲学原理》，范扬、张企泰译，商务印书馆 1961 年版。

黄宗智：《长江三角洲小农家庭与乡村发展》，中华书局 1992 年版。

蒋红军、陈晓运等：《寻求基层治理中的结构平衡——广东探索基层治理创新》，中山大学出版社 2017 年版。

蒋红军：《城市化进程中农民身份转换研究》，中国社会科学出版社 2015 年版。

［美］李侃如：《治理中国：从革命到改革》，胡国成、赵梅译，中国社会科学出版社 2010 年版。

林尚立：《当代中国形态研究》，天津人民出版社 2000 年版。

刘博、宋义平：《新农村扶贫开发》，中国社会出版社 2006 年版。

［美］罗伯特·K. 殷：《案例研究：设计与方法》（第 3 版），周海涛主译，李永贤、张蘅参译，重庆大学出版社 2004 年版。

［英］迈克尔·曼：《社会权力的来源》（第二卷），陈海宏等译，上海世纪出版集团 2015 年版。

［美］曼瑟·奥尔森：《国家的兴衰：经济增长、滞胀和社会僵化》，李增刚译，上海人民出版社 2018 年版。

［英］齐格蒙·鲍曼：《寻找政治》，洪涛、周顺、郭台辉译，上海人民出版社 2006 年版。

［英］齐格蒙特·鲍曼：《共同体》，欧阳景根译，江苏人民出版社 2007 年版。

［美］乔尔·S. 米格代尔：《强社会与弱国家：第三世界的国家社会关系及国家能力》，张长东、朱海雷、隋春波、陈玲译，张长东校，江苏人民出版社 2009 年版。

全球治理委员会：《我们的全球伙伴关系》，牛津大学出版社 1995 年版。

荣敬本、崔之元：《从压力型体制向民主合作体制的转变——县乡两级政治体制改革》，中央编译出版社 1998 年版。

［美］塞缪尔·亨廷顿、［美］琼·纳尔逊：《难以抉择：发展中国家的政治参与》，汪晓寿、吴志华、项继权译，华夏出版社 1989 年版。

［德］史坦恩：《国家学体系：社会理论》，张道义译，联经出版事业股份有限公司 2008 年版。

［美］托马斯·雅诺斯基：《公民与文明社会：自由主义政体、传统政体和社会民主政体下的权利与义务框架》，柯雄译，辽宁教育出版社 2000 年版。

汪三贵：《技术扩散与缓解贫困》，中国农业出版社 1998 年版。

汪三贵： 《贫困问题与经济发展政策》，农村读物出版社 1994 年版。

王小强、白南风：《富饶的贫困：中国落后地区的经济考察》，四川人民出版社 1986 年版。

［美］魏斐德：《上海警察：1927—1937》，章红等译，周育民校，上海古籍出版社 2004 年版。

习近平：《决胜全面建成小康社会 夺取新时代中国特色社会主义伟大胜利——在中国共产党第十九次全国代表大会上的报告》，人民出版社 2017 年版。

燕继荣：《发展政治学》，北京大学出版社 2010 年版。

银平均：《社会排斥视角下的中国农村贫困》，知识产权出版社 2008 年版。

俞可平：《治理与善治》，社会科学文献出版社 2000 年版。

俞可平：《国家底线：公平正义与依法治国》，中央编译出版社 2014 年版。

张静： 《基层政权：乡村制度诸问题》，上海人民出版社 2007 年版。

中共中央马克思、列宁、斯大林著作编译局编译：《马克思恩格斯选集》（第一卷），人民出版社 1995 年版。

中共中央党史和文献研究室编：《习近平扶贫论述摘编》，中央文献出版社 2018 年版。

中共中央党史和文献研究院、中央"不忘初心、牢记使命"主题教育领导小组办公室编：《习近平关于"不忘初心 牢记使命"论述摘编》，中央文献出版社、党建读物出版社 2019 年版。

中共中央文献研究室编：《十八大以来重要文献选编》（中），中央文献出版社 2016 年版。

中共中央宣传部：《习近平总书记系列重要讲话读本》，学习出版社、人民出版社 2016 年版。

邹谠：《二十世纪中国政治：从宏观历史与微观行动的角度看》，牛津大学出版社 1994 年版。

DAC, *The DAC Guidelines on Poverty Reduction*，OECD，2001.

United Nations Development Programme，*Human Development Report 1997*，1997.

World Bank，*World Development Report 2000/2001：Attacking Poverty*，Oxford University Press，2000.

二、论文

陈锋：《论基层政权的"嵌入式治理"——基于鲁中东村的实地调研》，《青年研究》2011 年第 1 期。

陈进华：《治理体系现代化的国家逻辑》，《中国社会科学》2019 年第 5 期。

陈鹏：《中国社会治理 40 年：回顾与前瞻》，《北京师范大学学报（社会科学版）》2018 年第 6 期。

陈前恒：《农户动员与贫困村内部发展性扶贫项目分配——来自西北地区 H 村的实证研究》，《中国农村经济》2008 年第 3 期。

陈庆立、左停：《选派干部驻村意愿分析——基于 L 县远郊 D 乡的调研》，《西北农林科技大学学报（社会科学版）》2018 年第 4 期。

陈宗胜、沈扬扬、周云波：《中国农村贫困状况的绝对与相对变动——兼论相对贫困线的设定》，《管理世界》2013 年第 1 期。

楚永生：《参与式扶贫开发模式的运行机制及绩效分析——以甘肃省麻安村为例》，《中国行政管理》2008 年第 11 期。

邓维杰：《精准扶贫的难点、对策与路径选择》，《农村经济》2014

年第 6 期。

丁波：《精准扶贫中贫困村治理网络结构及中心式治理》，《西北农林科技大学学报（社会科学版）》2020 年第 1 期。

冯仁：《村民自治走进了死胡同》，《理论与改革》2011 年第 1 期。

高杨、杨宁：《政治动员的治理价值——理解中国特色治理模式的新视角》，《南昌大学学报（人文社会科学版）》2015 年第 6 期。

郭圣莉：《阶级净化机制：国家政权的城市基层社会组织构建——以解放初期上海居委会的整顿与制度建设为例》，《甘肃社会科学》2007 年第 4 期。

郭小聪、吴高辉：《第一书记驻村扶贫的互动策略与影响因素——基于互动治理视角的考察》，《公共行政评论》2018 年第 4 期。

郭湛：《治理的根本：共同体、公共性及其发展理念》，《华中科技大学学报》2018 年第 4 期。

何绍辉：《目标管理责任制：运作及其特征——对红村扶贫开发的个案研究》，《中国农业大学学报》2010 年第 4 期。

何艳玲：《"回归社会"：中国社会建设与国家治理结构调适》，《开放时代》2013 年第 3 期。

何增科：《理解国家治理及其现代化》，《马克思主义与现实》2014 年第 1 期。

胡志平：《国家治理现代化的公共服务路径》，《探索》2015 年第 6 期。

黄承伟、覃志敏：《我国农村贫困治理体系演进与精准扶贫》，《开发研究》2015 年第 2 期。

黄冬娅：《财政供给与国家政权建设——广州市基层市场管理机构研究（1949 – 1978）》，《公共行政评论》2008 年第 2 期。

黄建洪、高云天：《构筑"中国之治"的社会之基：新时代社会治理共同体建设》，《新疆师范大学学报》2020 年第 3 期。

黄宗智：《集权的简约治理：中国以准官员和纠纷解决为主的半正式基层行政》，《开放时代》2008 年第 2 期。

江必新、王红霞：《论现代社会治理格局——共建共治共享的意蕴、基础与关键》，《法学杂志》2019 年第 2 期。

蒋永甫、莫荣妹：《干部下乡、精准扶贫与农业产业化发展——基于"第一书记产业联盟"的案例分析》，《贵州社会科学》2016 年第 5 期。

景跃进：《将政党带进来——国家与社会关系范畴的反思与重构》，《探索与争鸣》2019 年第 8 期。

李斌：《政治动员与社会革命背景下的现代国家构建——基于中国经验的研究》，《浙江社会科学》2010 年第 4 期。

李路路、宋臻：《"有限理性"视角下的组织决策——基于一个援助扶贫项目的个案研究》，《社会》2007 年第 5 期。

李棉管：《技术难题、政治过程与文化结果——"瞄准偏差"的三种研究视角及其对中国"精准扶贫"的启示》，《社会学研究》2017 年第 1 期。

李胜蓝、江立华：《基于角色理论的驻村"第一书记"扶贫实践困境分析》，《中国特色社会主义研究》2018 年第 6 期。

李小红、段雪辉：《后脱贫时代脱贫村有效治理的实现路径研究》，《云南民族大学学报》（哲学社会科学版）2020 年第 1 期。

李周、乔召旗：《西部农村减缓贫困的进展》，《中国农村观察》2009 年第 1 期。

林乘东：《教育扶贫论》，《民族研究》1997 年第 3 期。

刘建、吴理财：《制度逆变、策略性妥协与非均衡治理》，《华中农业大学学报》2019 年第 2 期。

刘俊祥：《民生国家论——中国民生建设的广义政治分析》，《武汉大学学报》（哲学社会科学版）2013 年第 4 期。

刘欣：《功能整合与发展转型：精准扶贫视阈下的农村社会救助研究——以贵州省社会救助兜底扶贫实践为例》，《贵州社会科学》2016 年第 10 期。

刘玉珍：《农村精准扶贫实践中的情感逻辑及其治理路径》，《云南社会科学》2019 年第 5 期。

卢淑华：《科技扶贫社会支持系统的实现——比较扶贫模式的实证研究》，《北京大学学报》1999 年第 6 期。

陆益龙：《乡村振兴中精准扶贫的长效机制》，《甘肃社会科学》

2018 年第 4 期。

吕方、梅琳：《"精准扶贫"不是什么？——农村转型视域下的中国农村贫困治理》，《新视野》2017 年第 2 期。

穆军全、方建斌：《精准扶贫的政府嵌入机制反思——国家自主性的视角》，《西北农林科技大学学报》2018 年第 3 期。

农业部农村经济研究中心课题组：《欠发达地区经济起飞的关键是"资源资本化"——中国扶贫体制改革试验区的实证经验》，《管理世界》1997 年第 6 期。

裴宜理：《重访中国革命：以情感的模式》，《中国学术》2001 年第 4 期。

渠敬东、周飞舟、应星：《从总体支配到技术治理——基于中国 30 年改革经验的社会学分析》，《中国社会科学》2009 年第 6 期。

邵发军：《马克思的共同体思想与国家治理现代化研究》，《社会主义研究》2016 年第 5 期。

沈红：《扶贫传递与社区自组织》，《社会学研究》1997 年第 5 期。

宋道雷：《共生型国家社会关系：社会治理中的政社互动视角研究》，《马克思主义与现实》2018 年第 3 期。

孙立平：《走向积极的社会管理》，《社会学研究》2011 年第 4 期。

唐丽霞、罗江月、李小云：《精准扶贫机制实施的政策和实践困境》，《贵州社会科学》2015 年第 5 期。

田毅鹏：《东亚"新公共性"的构建及其限制——以中日两国为中心》，《吉林大学社会科学学报》2005 年第 6 期。

汪锦军：《嵌入与自治：社会治理中的政社关系再平衡》，《中国行政管理》2016 年第 2 期。

汪三贵：《在发展中战胜贫困——对中国 30 年大规模减贫经验的总结与评价》，《管理世界》2008 年第 11 期。

汪三贵、冯紫曦：《脱贫攻坚与乡村振兴有效衔接的逻辑关系》，《贵州社会科学》2020 年第 1 期。

汪三贵、郭子豪：《论中国的精准扶贫》，《贵州社会科学》2015 年第 5 期。

汪三贵、刘未：《"六个精准"是精准扶贫的本质要求——习近平精准扶贫系列论述探析》，《毛泽东邓小平理论研究》2016 年第 1 期。

王宁：《代表性还是典型性？——个案的属性与个案研究方法的逻辑基础》，《社会学研究》2002 年第 5 期。

王宁：《个案研究的样本属性与外推逻辑》，《公共行政评论》2008 年第 3 期。

王绍光：《国家治理与基础性国家能力》，《华中科技大学学报（社会科学版）》2014 年第 3 期。

王晓毅：《精准扶贫与驻村帮扶》，《国家行政学院学报》2016 年第 3 期。

王亚婷、孔繁斌：《用共同体理论重构社会治理话语体系》，《河南社会科学》2019 年第 3 期。

王雨磊：《数字下乡：农村精准扶贫中的技术治理》，《社会学研究》2016 年第 6 期。

王雨磊：《精准扶贫何以"瞄不准"——扶贫政策落地的三重对焦》，《国家行政学院学报》2017 年第 1 期。

王雨磊：《农村精准扶贫中的技术动员》，《中国行政管理》2017 年第 2 期。

王雨磊：《技术何以失准？——国家精准扶贫与基层施政伦理》，《政治学研究》2017 年第 5 期。

王雨磊：《缘情治理：扶贫送温暖中的情感秩序》，《中国行政管理》2018 年第 5 期。

王征兵、宁泽逵等：《村干部激励因素贡献分析——以陕西省长武县为例》，《中国农村观察》2009 年第 1 期。

位杰、徐海峰：《驻村制度：精准扶贫视域下嵌入式扶贫模式探析——基于河北省顾家台村的调查研究》，《太原理工大学学报》2020 年第 2 期。

吴理财：《20 世纪村政的兴衰及村民自治与国家重建》，《当代中国研究》2003 年 3 期。

吴晓凯：《精准扶贫过程中村庄共同体风险及其治理探索——基于 G 省长村扶贫实践的调查》，《兰州学刊》2020 年第 1 期。

吴晓燕、赵普兵：《农村精准扶贫中的协商：内容与机制——基于四川省南部县 A 村的观察》，《社会主义研究》2015 年第 6 期。

项继权：《基本公共服务均等化：政策目标与制度保障》，《华中师范大学学报（人文社会科学版）》2008 年第 1 期。

肖滨：《革命、改革与中国崛起——兼对安德森与吴玉山之争的回应》，《开放时代》2014 年第 5 期。

肖滨：《中国国家治理现代化的战略定位》，《中国人民大学学报》2015 年第 2 期。

肖勇、龚晓、伍晓雪：《"多元"对"一元"的否定：村庄"多元"治理模式及其构建》，《社会科学研究》2009 年第 3 期。

谢小芹：《"接点治理"：贫困研究中的一个新视野——基于广西圆村"第一书记"扶贫制度的基层实践》，《公共管理学报》2016 年第 3 期。

谢小芹：《"双轨治理"："第一书记"扶贫制度的一种分析框架——基于广西圆村的田野调查》，《南京农业大学学报（社会科学版）》2017 年第 3 期。

刑成举、李小云：《精英俘获与财政扶贫项目目标偏离的研究》，《中国行政管理》2013 年第 9 期。

徐明强、许汉泽：《接点治理：论精准扶贫过程中的"村民评议"——对湘西 B 村的个案研究》，《华中农业大学学报（社会科学版）》2018 年第 3 期。

徐勇：《"回归国家"与现代国家的建构》，《东南学术》2006 年第 4 期。

徐勇：《"行政下乡"：动员、任务与命令——现代国家向乡土社会渗透的行政机制》，《华中师范大学学报》2007 年第 5 期。

徐勇：《"政党下乡"：现代国家对乡土的整合》，《学术月刊》2007 年第 8 期。

徐勇：《政权下乡：现代国家对乡土社会的整合》，《贵州社会科学》2007 年第 11 期。

徐勇：《农民理性的扩张："中国奇迹"的创造主体分析——对既有理论的挑战及新的分析进路的提出》，《中国社会科学》2010 年第 1 期。

徐勇：《历史延续性视角下的中国道路》，《中国社会科学》2016年第 7 期。

徐月宾、刘凤芹、张秀兰：《中国农村反贫困政策的反思——从社会救助向社会保护转变》，《中国社会科学》2007 年第 3 期。

许汉泽、李小云：《"行政治理扶贫"与反贫困的中国方案》，《探索与争鸣》2019 年第 3 期。

薛澜、李宇环：《走向国家治理现代化的政府职能转变：系统思维与改革取向》，《政治学研究》2014 年第 5 期。

鄢一龙：《新时代与民生国家建设》，《中央社会主义学院学报》2018 年第 1 期。

燕继荣：《国家治理现代化的重要任务》，《人民论坛》2017 年第 3 期。

杨宏星、赵鼎新：《绩效合法性与中国经济奇迹》，《学海》2013年第 3 期。

杨善华、苏红：《从"代理型政权经营者"到"谋利型政权经营者"——向市场经济转型背景下的乡镇政权》，《社会学研究》2002 年第 1 期。

杨小柳：《地方性知识与扶贫策略——以四川凉山美姑县为例》，《中南民族大学学报》2009 年第 5 期。

叶本乾：《现代国家构建中的均衡性分析：三维视角》，《东南学术》2006 年第 4 期。

殷浩栋、汪三贵、曾小溪：《交易成本视角下小型基础设施减贫机制——基于彩票公益金扶贫项目的分析》，《贵州社会科学》2018 年第 2 期。

于建嵘：《土地问题已成为农民维权抗争的焦点——关于当前我国农村社会形势的一项专题调研》，《调研世界》2005 年第 3 期。

于建嵘：《村民自治：价值和困境》，《学习与探索》2010 年第 4 期。

俞可平：《推进国家治理体系与治理能力现代化》，《前线》2014年第 1 期。

郁建兴：《论全球化时代的马克思主义国家理论》，《中国社会科学》2007 年第 2 期。

郁建兴、关爽：《从社会管控到社会治理——当代中国国家与社会关系的新进展》，《探索与争鸣》2014 年 12 期。

郁建兴：《社会治理共同体及其建设路径》，《公共管理评论》2019 年第 1 期。

张道义：《社会理论与社会国理论：史坦恩的模式》，《台大法学论丛》第 39 卷第 4 期。

张和清：《扶贫经营政治的形成及其社会政治后果——一个少数民族行政村的个案研究》，《广西民族大学学报》2010 年第 1 期。

张欢：《驻村帮扶中的权力替代及其对村庄治理的影响》，《湖南农业大学学报》2018 年第 5 期。

张茂林、张志良：《开发性扶贫移民过程中的综合效益评价——以甘肃河西走廊农业灌溉暨移民安置综合开发建设项目为例》，《中国人口科学》1995 年第 5 期。

张新文：《我国农村反贫困战略中的社会政策转型研究——发展型社会政策的视角》，《公共管理学报》2010 年第 4 期。

张义祯：《嵌入治理：下派驻村干部工作机制研究——以福建省为例》，《中共福建省委党校学报》2015 年第 12 期。

郑瑞强、曹国庆：《基于大数据思维的精准扶贫机制研究》，《贵州社会科学》2015 年第 8 期。

周飞舟：《从汲取型政权到"悬浮型"政权——税费改革对国家与农民关系之影响》，《社会学研究》2006 年第 3 期。

周飞舟：《分税制十年：制度及其影响》，《中国社会科学》2006 年第 6 期。

周飞舟：《大兴土木：土地财政与地方政府行为》，《经济社会体制比较》2010 第 3 期。

周红云：《全民共建共享的社会治理格局：理论基础和概念框架》，《经济社会体制比较》2016 年第 2 期。

周雪光：《基层政府间的"共谋现象"——一个政府行为的制度逻辑》，《社会学研究》2008 年第 6 期。

朱玲：《中国扶贫理论和政策研究评述》，《管理世界》1992 年第

4 期。

左停、杨雨鑫、钟玲：《精准扶贫：技术靶向、理论解析和现实挑战》，《贵州社会科学》2015 年第 8 期。

左停：《脱贫攻坚与乡村振兴有效衔接的现实难题与应对策略》，《贵州社会科学》2020 年第 1 期。

后　记

古人云："凡是机缘，无不和合。"本书的研究也源于几年前的机缘巧合。2014 年初，我与一位大学同学在广州相聚。他受单位选派前往贫困村庄担任驻村扶贫干部，开展精准扶贫工作。谈笑期间，他接到一个村民打来的电话，在电话那头，村民显得有些烦躁，用了很长时间向他反映村里的问题。同学在耐心地解释，身旁的我却觉得新鲜，因为这与我对驻村扶贫干部的传统认知很不一样，心里便涌现出无数的疑问：驻村扶贫干部的职责为何如此宽泛？驻村扶贫干部应该如何与村"两委"干部共责？驻村扶贫干部给贫困村庄带来了哪些影响？我长期从事乡村治理研究，对于乡村治理、基层政权建设等主题的学术文献比较熟悉。这些疑问让我敏锐地意识到驻村扶贫干部对于贫困村庄而言是一支重要的外部力量，他们不仅帮助村户脱贫致富，而且还深深地影响了村庄治理。不同于当时学术界认为税费改革后国家在逐步退出乡村社会的认知，这呈现出另外一幅极为独特的图景，即国家正通过精准扶贫更加深入地嵌入村庄治理，这对于观察新时代的国家与乡村社会关系具有十分重要的理论价值。

聚会结束后，我带着疑问回到文献世界。文献研究发现，国家介入乡村治理研究极少关注不同于基层乡镇政权的外部扶贫力量。这些来自各级政府机关、国有企事业单位的帮扶力量，是观察和研究国家行为的重要补充；而农村扶贫政策研究也较少关注外部扶贫力量嵌入贫困村庄治理。为此，在多位学界前辈和驻村扶贫干部的共同"把脉"下，我将"国家建设视域下外部扶贫力量嵌入村庄治理研究"确定为个人的学术研究增长点。

近几年来，依托广州大学乡村振兴研究院，我们逐步形成了一个关注乡村、研究乡村的学术团队。在团队协作中，我主要围绕着"贫困村庄治理"这一独特场域展开调研和研究，通过几年的努力，对于精准扶贫中外部扶贫力量嵌入贫困村庄治理的过程及其影响，有了更为系统和深刻的认识。眼前这本学术小书便是对上述学术旨趣的一个阶段性总结，冀望能以此丰富乡村治理研究，助力巩固拓展脱贫攻坚成果与乡村振兴的有效衔接。

本书是集体合作的成果。在长期的调研过程中，团队成员不辞辛苦、相互支援，一起行走乡村，探访了数十个贫困村庄。在获得大量一手资料的基础上，团队成员又共同研究和回应精准扶贫中的实践问题，共同挖掘经验世界中的学术问题，在理论与现场的相互交替中彼此鼓励，推动本书的结集出版。在具体写作分工方面，蒋红军、郭小敏负责本书导论和第二章，蒋红军、郭明、李威负责第一章，蒋红军、任梓强负责第三章、第四章，蒋红军、杨芳负责第五章，蒋红军负责第六章和结语。

本书的完成也得益于诸多无私的帮助，在此特向他们表示诚挚的感谢。

感谢奋战在扶贫一线、振兴一线的帮扶干部们！他们是一群最可爱的人，心系家国，到祖国最需要的地方去，以实际行动诠释伟大的脱贫攻坚精神。即便在他们最忙碌的时候，也都愿意抽出时间和我们分享扶贫工作体会，为此，我们心存感激，向他们鞠躬致敬。

感谢肖滨教授！本书从选题、论证、写作到出版，得到导师肖滨教授的多次指导，老师的建议画龙点睛，使本书增色不少。

感谢陈潭教授、谢治菊教授！感谢他们对本书的大力支持和指导，让本书有机会纳入"南国乡村振兴"文库进行出版。

感谢广州大学公共管理学院、广州大学乡村振兴研究院的各位同人！

感谢中国社会科学出版社黄山编辑专业而细致的工作！

蒋红军

2021 年 9 月 16 日